하나님의 놀라운 일

제라드 윌슨 지음 / 김태곤 옮김

생명의말씀사

THE WONDER-WORKING GOD
by Jared C. Wilson

Copyright © 2014 by Jared C. Wilson
Published by Crossway
a publishing ministry of Good News Publishers
Wheaton, Illinois 60187, U.S.A.

This edition published by arrangement with Crossway through rMaeng2,
Seoul, Republic of Korea.
All rights reserved.

This Korean Edition Copyright © 2015 by Word of Life Press,
Seoul, Republic of Korea

이 한국어판 저작권은 알맹2를 통하여 Crossway와
독점 계약한 생명의말씀사에 있습니다.
신 저작권법에 의하여 한국 내에서 보호받는 저작물이므로
무단 전재와 무단 복제를 금합니다.

하나님의 놀라운 일

ⓒ 생명의말씀사 2015

2015년 6월 15일 1판 1쇄 발행

펴낸이 | 김재권
펴낸곳 | 생명의말씀사

등록 | 1962. 1. 10. No.300-1962-1
주소 | 서울시 종로구 경희궁1길 5-9(110-062)
전화 | 02)738-6555(본사) · 02)3159-7979(영업)
팩스 | 02)739-3824(본사) · 080-022-8585(영업)

기획편집 | 임선희
디자인 | 조현진, 김혜진
인쇄 | 영진문원
제본 | 정문바인텍

ISBN 978-89- 04-16511-7 (03230)

저작권자의 허락 없이 이 책의 일부 또는 전체를
무단 복제, 전재, 발췌하면 저작권법에 의해 처벌을 받습니다.

하나님의 놀라운 일

목 차

추천의 글　06
시작하는 글　08

1. 하늘로 열린 창　14

하나님 나라의 복음 | 하나님 나라 이야기 | 이적이란 무엇인가? | 그리스도께서 이적을 행하신 목적

2. 더 좋은 포도주　36

잔치의 생명 | 마리아의 요청 | 실현된 약속

3. 떡 부스러기　52

사천 명을 먹이신 이적 | 불평의 여정 | 우둔한 자를 위한 은혜

4. 만유의 주관자　70

키를 잡고 주무심 | 우리를 돌보지 아니하시나이까? | 주님을 신뢰하는 믿음 | 위험한 영광

5. 모든 것을 좋게 하시는 주님　92

관계 규정 | 치유 중의 치유 | 변화될 세계 | 모든 것을 바로잡으심 | 모든 것을 '좋게' 하신다

6. 보는 것과 믿는 것　120

깊은 인식 | 영적 맹인 | 영광에 대한 참된 시각

7. 흑암의 세력을 정복하심　144

모든 것을 정복하는 믿음 | 믿음은 의심을 정복한다 | 믿음은 지옥을 정복한다 | 승리 편에 서서

8. 슬피 우는 것과 깨달음　168

죽음이 아닌 죽음 | 주와 함께 죽으러 가자 | 세상에 오신 하나님의 아들 | 자상하신 그리스도 | 부활과 생명

9. 일어날 시간　188

아버지와 딸 | 완벽한 아침

10. 영원하신 분의 이적적인 자기계시　202

성육신 | 변화산 사건 | 부활 | 승천

마치는 글　224

추천의 글

"기독교는 초자연적이다. 성경에서 우리는 이성적으로 설명될 수 없는 일들을 행하시는 하나님을 본다. 그리고 우리의 일상생활에서 놀라운 일들을 행하시는 하나님을 바란다. 그러나 기독교는 하나님이 하시는 일보다 하나님에 관한 종교다. 내가 이 책을 사랑하는 이유는, 제라드 윌슨이 우리로 하여금 단지 이적을 바라며 숭배하는 것이 아니라 이적을 행하시는 분을 예배하도록 도와주기 때문이다."

_ 다린 패트릭, 더 저니(The Journey)의 리드목사, 세인트루이스 커디널스 사목

"예수님의 이적은 단지 우리가 이해할 수 없는 불가사의한 현상인 걸까, 아니면 죄로 부패한 세상에 침투한 참되고 정상적인 현상인 걸까? 제라드 윌슨은 예수님이 이적들을 행하신 이유를 설명한다. 이 이적들은 모든 일그러진 것을 바로잡기 위해 하나님이 행하시는 일들의 전조였다. 또한 이 책은 포스트모더니스트들과 변증적 증거를 요구하는 회의론자들, 그리고 초자연적인 것에 매료된 자들을 겨냥한 예수님의 말씀을 들을 수 있도록 도와준다. 영혼을 소생시키며 복음으로 가득한 책이다."

_ 존 블룸, 'Desiring God' 대표, 『Not by Sight and Things Not Seen』의 저자

"예수께서 물 위를 걷고 병든 자를 고치셨다. 물을 포도주로 변하게 하고 죽은 자를 다시 살리셨다. 이 친숙한 이야기들을 우리는 대충 보고 넘어가는 경향이 있다. 그러나 제라드 윌슨이 말하듯 '성경에 수록된 이적적인 사건들은 하나님의 놀라운 의도를 담고 있다.' 본서는 이 이적들이 단지 우리를 놀라게 하기 위한 것이 아니라 예수 그리스도를 바로 이해하게 하려는 것임을 가르친다. 이 책을 읽으면서 우리 구주 예수님과 그분의 영광에 대해 깊이 묵상하게 될 것이다."

_ 트릴리아 뉴벨, 『United: Captured by God's Vision for Diversity』의 저자

"하나님의 이적에 대한 성경 본문을 오해하는 경우가 종종 있다. 하지만 제라드 윌슨은 신선하고도 통찰력 있는 방식으로 그 구절들을 재미있게 설명한다. 위대하신 하나님의 일들을 더 잘 이해하도록 도와주는 본서는 오늘날의 교회에 꼭 필요한 책이다."
_ 매트 카터, 더 오스틴 스톤 커뮤니티 교회 설교목사, 『The Real Win』의 저자

"제라드의 말처럼 예수님의 이적들은 마치 회의론자들에게 하나님의 존재를 납득시키려는 시도 같은 것이 아니다. 예수께서는 그 이적들이 우리가 생각하는 것보다 훨씬 더 자연스러웠다. 또한 그분의 이적들은 죄가 들어오기 전의 세상이 어떠했는지, 그리고 만물을 새롭게 하기 위해 예수께서 재림하실 때 어떤 일이 있을 것인지를 알려준다."
_ 스코티 스미스, 웨스트 엔드 커뮤니티 교회 교사

"자연주의 철학이 지배적인 오늘날의 세계에 제라드 윌슨은 신인(God-man)이신 나사렛 예수의 놀라운 권능을 소개한다. 성경에 충실하며, 그리스도를 높이며, 주의 깊게 정독할 수 있는 재미있는 책이다."
_ 샘 스톰즈, 브리지웨이 교회 담임목사

"제라드 윌슨은 신선하며 설득력 있고 매력적인 문체로 주님의 이적적인 권능에 대해 설명한다. 이 책을 읽으면 그분에 대한 경외심과 함께 주님을 저절로 경배하게 될 것이다."
_ 데이브 하비, 포 오크스 교회 설교목사, 『When Sinners Say I Do and Am I Called?』의 저자

시작하는 글

요즘은 이적을 믿는 사람들이 없다. 이적을 믿기에는 사람들이 너무 영리하다. 지구는 둥글고 우리 두뇌는 진화했다. 우리는 연구실에서 창조하고, 미생물학자의 작업에서 부활을 보며, 천문학자의 우주여행을 통해 승천을 본다. 인터넷의 무한한 정보 시대에 무슨 계시가 필요한가! 전문가들이 이처럼 많은 시대에 무슨 선지자가 필요한가!

일부 과학자들의 주장에 의하면, 우리가 종종 이적이라 부르는 것들은 자연적인 질서에 따라 일어나는 통계학적 상궤 이탈이며, 매일의 '정상적인' 사건의 흐름 속에서 나타나는 무작위적 이상 현상들이다. 또 대부분의 사람들은 우리가 '이적'이라 부르는 것이 단지 착각, 착시, 혹은 실수에 따른 오인일 뿐이라고 이야기한다. 즉 모든 사건에는 자연스런 설명이 가능하며 우리가 인식하는 것을 설명하는 데 필요한 정보가 부족할 뿐이라는 것이다. 관찰될 수 있는 것에 전적으로 의존하는 과학주의에 의하면, 보는 것은 믿는 것이 아니다. 설명되지 않은 사건들도 충분한 정보가 마련되면 모두 설명될 수 있고, 초자연적인 것은 그러한 범주에 속하지 않는다.

이런 면에서 과학은 종교에 반하며, 과학과 종교 중 하나를 택하면 다른 하나를 거부하는 셈이 된다.

리얼리티 TV와 바이럴 동영상 시대에는 모든 것이 특이하기 때문에 결국 아무것도 특이하지 않게 된다. 즉 우리는 이적을 필요로 하지 않는다. 충분히 진보했기 때문이다. 세상을 설명하는 일과 관련하여 미신이 설 자리는 점점 더 좁아진다.

따라서 이적들은 초자연적 세계와 별개인, 인간의 잠재력 속에 내재한 정서(sentiment)의 재료 정도로 간주된다. '34번가의 기적'(Miracle on 34th Street)이나 '폴라 익스프레스'(The Polar Express) 같은 영화에서는 신념의 힘이 이적을 만든다. 곧 '믿기만 하면 무엇이든 가능하다'는 개념이다. 페이스북 뉴스피드나 트위터에 이런 식의 주문(mantra)이 매일 올라온다.

우리가 이적적인 것과 가까워질 수 있는 방법은 소위 과학적으로 설명될 수 없는 것들에 대한 상상이다. 요즘 흡혈귀와 좀비들이 대유행이다. 여자 마법사와 마술사들이 사람들의 관심을 끌고 있다. 어린 시절에 나는 UFO와 빅풋, 그리고 네스 호 괴물에 관한 자료라면 무엇이든 끌어 모았다. 그런 허구들이 오늘날 재등장하고 있다. 열 살배기 내 딸은 '진실 혹은 거짓'(Fact or Faked)이라는 쇼 프로를 매우 좋아한다. 그 프로에서는 특수효과 전문가와 비디오 예술가들로 구성된 팀이 설명되지 않는 현상들을 촬영한 비디오를 조사하며, 그 촬영 내용의 진실 여부를 결정하기 위해 연속 장면들을 재차 점검한다. 그리고 거의 모든 경우, 비디오에 찍힌 문제의 장면은 날조된 것이거나 단순한 착각을 유발한 것으로 판명난다. 그런데도 그 프로가 성공하는 이유는 그것이 우리 내면의 의혹을 자극하기 때문이 아니라, 자연 질서 바깥에 새롭고 신비로운 그 무엇이 있음을 알려주는 어떤 표지를 은근히 기대하게 만들기 때문이다. '엑스파일'(The X-Files)이라는 인기 TV 프로에서, FBI 요원 팍스 멀더는 그의 사무실 벽에 공중을 나는 받침접시와 '나는 믿고 싶다'는 문구를 넣은 흑백 포스터를 걸었다.

과학기술이 발전되고 다양한 정보들을 즉각적으로 활용할 수 있음에도 불구하고 우리는 여전히 신비의 영역을 모색한다. 그렇게 하지 않는다고 말하는 사람들도 많지만 실제로는 그렇게 한다. 열렬한 무신론자들 중에도 이적을 직접 보면 믿겠다고 말하는 이들이 있다. 그들은 하나님을 믿지 않듯이 이적도 믿지 않지만, 만일 실제로 이적을 목격하면 하나님의 존재를 인정할 거라고 말한다.

하지만 이적은 그런 목적으로 행해지지 않는다. 하나님께서 모세에게 이스라엘 자손을 애굽의 속박으로부터 해방시키는 사명을 주셨음을 확증하기 위해 이적들을 허용하셨지만, 오히려 그것은 바로의 마음을 강퍅하게 할 뿐이었다. 즉 바로는 "이적을 보이라"고 말했으나(출 7:9), 이적을 보고도 만족하지 않았다(13절). 하나님께서 엘리야의 젖은 제단을 태우고 바알 선지자들에게 수치를 안겨주기 위해 불을 보내셨을 때도 모든 백성이 "여호와 그는 하나님이시로다 여호와 그는 하나님이시로다"라고 말했지만(왕상 18:39) 그 사건 때문에 하나님의 존재를 확신하게 된 사람은 없었다.

예수님의 생애와 사역에 관한 신약성경 기사에서도 많은 이적이 언급되지만, 그 어떤 이적도 하나님의 존재를 확신시키기 위한 것은 아니었다. 청중 대부분은 그 사실을 이미 믿고 있었다. 분명 예수님은 하나님이시며, 그분이 이적을 행하신 주요 목적 중 하나는 자신의 신성을 입증하는 것이었다. 하지만 사람들의 반응은 수박 겉핥기였다. 예수님은 표적을 구하는 무리를 책망하셨고, 죽어서 음부에 들어간 어느 부자의 비유를 말씀하셨다(눅 16:19-31). 본문의 부자는 친지들에게 돌아가서 증언하게 해줄 것을 아브라함에게 요청하지만 아브라함은 성경을 믿지 못하는 자는 이적을 목격해도 마음을 바꾸지 않을 거라고 말한다(31절). 그리고 나중에 예수님은 보지 않고 믿는 것이 더 복되다고 도마에게 말씀하셨다(요 20:29).

오늘날에도 신약성경의 이석들은 하나님의 존재를 입증하기보다는 예수께서 하나님이심을 입증하는 것으로 이해된다.

미묘한 구분이지만 성경의 이적들은 하나님의 존재를 입증하기 위한 것이 아니라 그분 자신을 '보이시기' 위한 것이다. 주님은 마치 불신에 찬 배심원들 앞에서 자신의 존재를 입증해야 하는 존재처럼 취급당하기를 거부하시고 단지 자신을 위엄 있게 드러내신다. 타락하고 무너져 구속을 바라며 탄식하는 세상에서는 이적적인 것이 오히려 정상이며, 반대로 소위 '정상적인 삶'으로 불리는 것이 비정상이다. 다시 말해 이적은 뒤집어엎는 것이 아니라 바로 세운다.

성경의 이적들은—오늘날에도 이적이 일어난다면 그것 또한—하나님이 '어딘가에 계심'을 입증하기 위한 것이 아니라, 그가 지금 여기에 계심을 우리에게 보여주시기 위한 것이다. 달리 말해 하나님이 이 세상에 무단침입하신 것이 아니라, 오히려 우리가 매일 접하는 것들이—죄와 부패와 불의와 죽음(이 같은 '자연법칙' 들이)—무단침입자다.

세상을 이런 식으로 직시할 수 있을 때 우리는 복음의 핵심에 더 가까워진다. 예수님의 이적들은 이 같은 목적에 도움이 되며, 우리가 하나님 나라의 실재를 통해 세상을 바라볼 때, 1세기의 팔레스타인에서 그랬듯이 오늘날에도 이적들에 대한 시각이 왜곡되어 있음을 간파할 수 있다. 우리 포스트-포스트모더니스트들은 미신적인 모든 것에서 벗어나 있다는 사실에 자부심을 느낀다. 하지만 우리 역시 고대인들처럼 감상적인 마법 같은 것들에 소망을 둔다. 우리는 스스로를 숭배하며 자신의 성취와 지식 또한 숭배한다. 윈도우 프로그램이나 구글 같은 것은 이스라엘 백성이 섬겼던 금송아지와 다를 바 없다. 양자역학이나 입자물리학을 포함하여 해 아래에는 새것이 없다. 자연적인 것이든 초자연적인 것이든, 우리는 지상에서 하늘을 모색한다. 즉 예수님 없이도 이성과 합리적 사고를 통해 잘해낼 수 있다고 생각한다.

따라서 우리는 더 이상 이적을 믿지 않는다. 그런 것을 믿기에는 우리를 비롯한 현대인들이 너무 영리하다. 그러나 하나님의 능력은 우리의 불신으로 제한되지 않는다. 우리가 이적을 믿지 않는 것처럼, 이적들도 우리를 믿지 않는다.

하나님 나라는 임했고 임하고 있으며 또한 임할 것이다. 우리의 충실함으로 이 실재를 증진할 수 없듯이, 우리의 불신으로 그것을 훼방할 수도 없다. 중력은 발견되기 전부터 자연법칙이었고, 밭의 보화는 발견되기 전까지 사람들에 의해 무수히 밟혔다(마 13:44).

영적인 분별력을 갖지 못한 자들에게는 이적이 아무런 의미가 없다. 예수님의 이적으로 떡과 물고기를 먹었던 오천 명 가운데 그 이적의 의의를 설명하시는 말씀을 들은 후 몇 사람이나 남았을까? 예측컨대 극소수만이 남았던 것 같다. 심지어 제자들 중에도 떠난 자들이 많았다(66절).

복음서 기록에 의하면, 이적은 비유처럼 사람들을 깨닫게도 하고 혼란스럽게도 한다. 우리는 자신의 바벨탑을 계속 쌓아가고, 우리의 모조 하늘은 너무 저속하다. 독생자 예수의 영광을 계시하신 하나님의 계획 중 하나는 자연주의적 유토피아와 영지주의적 지복 개념을 멸하는 것이다. 즉 그리스도의 복음과 그의 나라를 신인힘으로써 하늘과 땅이 연결된다.

이적들이 이 실재를 증언한다. 진리의 빛을 비추는 하늘을 증언한다. 예전의 땅과 현재의 땅, 그리고 미래의 땅을 증언한다. 그리스도의 이적들은 우리가 큰 고통을 감수하고라도 거부하거나 고수해야 할 것이 무엇인지를 계시해준다. 그 이적들은 모든 이들이 갈망하는 비전을 제시한다. 그것은 곧 지상낙원에 관한 비전이다.

THE WONDER WORKING GOD

1. 하늘로 열린 창

롭 레이너가 각색한 영화 '프린세스 브라이드'(The Princess Bride)를 보면 코미디언 빌리 크리스탈이 미러클 맥스 역을 맡아 열연을 펼친다. 미러클 맥스는 스스로 개발한 치료법으로 유명한 무뚝뚝한 농부다. 그리고 영웅인 웨슬리의 친구들은 그가 죽었다고 생각하여 어떻게든 그를 살려보려고 미러클 맥스에게 데리고 간다. 이어지는 영화의 하이라이트에 나오는 명대사들 중 하나는 다음과 같다. "여러분의 친구는 거의 죽은 상태네요. 거의 죽은 것과 완전히 죽은 건 크게 다르죠."

섬뜩하게 생긴 맥스 아내의 요란한 장광설을 포함한 진단 과정을 거친 후에 친구들은 약을 받고 마침내 웨슬리는 살아난다. 수상쩍은 연금술사의 이 동종요법 약제는 중세적인 공상 세계에서의 이적이 어떤 것인지를 보여준다.

목사로서 나는 매주 여러 차례 기도 요청을 받는다. 이 책을 쓰는 지금도 사실 지역 병원의 카페테리아에 앉아 있다. 우리 교회 교인 중 하나가 잠에서 깨어나길 기다리는 중이다. 그는 어젯밤 사다리에서 떨어져 다리에 골절상을 입었고, 교인 모두가 그의 치유를 위해 기도하고 있다. 이 치유는 의료적 처방과 시간 경과를 통해 이루어질 것이다. 이 같은 정상적인 치유마저 우리는 하나님의 도우심으로 간주할 것이다. 하지만 어떤 특이한 일이 수반되지 않는 한 이 치유를 '기적'이라고 표현하지는 않을 것이다. 내일로 잡혀 있는 그의 수술 일정은 계획대로 진행될 것이다. 만일 내가 지금 병실로 올라가서 그를 만나고 그의 회복을 위해 기도할 때 곧바로 뼈가 정상으로 변한다면, 우리는 그것을 기적이라 부를 것이다. 그런 경우를 제외하고는 기적이라는 말을 함부로 붙일 수 없다.

요즘 사람들은 아무 거리낌 없이 기적이라는 말을 사용한다. '당신의 기적을 선택하세요.' '매일이 기적입니다.' 이런 문구들이 영적 분야와 세속적인 분야를 막론하고 서구 문화에 두루 퍼져 있으며, TBN(The Baseball Network)이나 오프라 쇼 등에서 남발된다. 이런 환경에서 기적이란 개인적인 꿈과 야망을 성취하는 것이며 부와 찬사를 얻는 것이다.

하지만 성경적인 의미에서 이런 것들은 예수 그리스도의 영광과 무관하므로 기적이 아니다. 성경의 기적들은 예수님에 관한 그 무엇을 계시했다. TV에 나오는 협잡꾼이 횡재를 위해 종자돈을 뿌릴 것을 권할 때, 그가 제안하는 것은 기적이 아니라 마법이다. 이런 마법 같은 기적에 대해 예수님은 부단히 경고하셨다. 이것은 우리의 영혼을 타락시키는 탐욕을 부추긴다.

성경에서 기적은 사망으로부터 생명으로, 또는 무로부터 어떤 것으로의 전환을 수반한다. 그러나 현대에서 '기적'은 '손쉬운', '편리한', 또는 '신속한'을 뜻한다. 즉 조제약으로부터 운동 계획에 이르기까지 모든 것에 '기적'이라는 말이 남발된다.*

오늘날 기적적인 의약품으로 선전되는 것들은 복용자에게만 효력이 있을 뿐이다. 그러나 예수님의 표적들은 그렇지 않았다. 그분의 이적은 그 자체가 목적이 아니라 그분의 왕권을 입증하는 것이었다. 예수님의 이적을 경험한 자들은 그 이적을 보고 놀라는 것에서 끝나지 말라는 경고를 받았다. 즉 그들은 이적을 행하신 주님을 바라보아야 했다. 오늘날의 하잘것없는 기적들이 인간적인 위안과 자아실현 이야기를 전하는 것과 달리 성경의 이적들은 다른 이야기, 곧 우주 전체의 중심인물에 관한 이야기를 전해준다. 인간의 본질적인 문제를 해결해주는 것은 이 이야기뿐이다.

우리는 어느 정도의 원기회복을 요하는 '거의 죽은' 피조물이 아니다. 많은 기독교 사역자들이 우리가 단지 약간의 혼란과 곤경에 빠졌고 숙달되지 못했으며 정보가 부족할 뿐이라고 가르친다. 즉 적절한 도구와 기술만 지니면 모든 일에서 성공할 수 있다는 것이다. 그렇게 우리는 '거의 죽었을' 뿐만 아니라 '거의 살아있다'고 배운다. 우리에게는 다만 기운을 돋워주는 약간의 영적 칵테일이 필요할 뿐이다.

그러나 참된 복음은 우리가 '거의 살아있거나' '거의 죽은' 것으로 보지 않고 '완전히 죽었다'고 이야기한다. 에베소서 2장 1-3절의 묘사가 정확하다면, 사실 우리는 죽은 것보다 더 나쁜 상태다. 즉 그리스도를 떠난 우리는 짐승 같고, 마귀를 따르며, 세상에 사로잡혔고, 진노를 받아 마땅한 영적 시체다. 이와 같은 우리의 심각한 딜레마는 강력한 처방

---

* 이와 같이 오늘날 '기적'이라는 말이 남용, 오용되는 것을 고려하여 이 책에서는 예수님의 기적을 일컬을 때 사용된 'Miracle'을 '이적', 혹은 '표적'이라는 단어로 통일했다. _편집자 주

을 필요로 한다. 하나님 나라의 복음은 바로 이런 상황을 위한 것이다.

하나님 나라의 복음

복음서들은 예수께서 '하나님 나라의 복음'을 전하러 오셨다고 기록한다(마태는 주로 '하나님 나라' 대신 '천국'이라는 다소 완곡한 표현을 쓴다). 이것은 예수께서 제자들에게 선포를 당부하신 메시지이기도 하다. 특별히 마태복음과 마가복음에서 우리는 그 나라가 '가까웠음'을 배운다.

하나님 나라는 무엇보다 하나님 주권의 분명한 임재를 가리킨다. 다시 말해 사람들과 문화 가운데 임한 하나님의 통치다. 물론 하나님은 언제나 하나님이시며, 처음부터 마지막을 선언하시고, 자신의 뜻대로 인생들을 강퍅하게도 하시고 긍휼을 베풀기도 하시며, 선한 자와 악한 자를 두루 살피신다. 그 누구도 그분의 주권적인 뜻을 좌절시키지 못한다.

하지만 하나님 나라가 선포될 때 일어나는 조금 더 특별한 일이 있다. 곧 사람들의 죄와 반역과 불의로 망가진 세상에 마침내 하나님의 통치가 임하여, 모든 것을 회복시키기로 하신 하나님의 약속이 성취된다.

우리는 종종 이 '나라'를 오인하여 교회나 흔히 '하늘'이라 부르는 낙원이라는 곳과 동일시한다. 하지만 교회나 하늘은 하나님 나라의 주요 목적에 해당될 뿐 이들 자체가 하나님 나라는 아니다. 즉 하나님 나라는 하나님의 통치와 주권과 뜻이 행해지는 곳이다. 따라서 하나님 나라의 도래는 하나님의 뜻이 하늘에서처럼 이 땅에서도 이루어짐을 뜻한다.

또한 하나님 나라의 임함은 인간의 계획에 따르는 것이 아니다. 우리는 그것을 조종하지 못한다. 그 나라는 하나님으로부터 임해야 한다. 신인(God-man)이신 예수 그리스도를 통해 그 나라에 들어갈 수 있다. 그분은 오래도록 고대하던 메시아, 인자와 하나님의 아들, 그리고 만왕의 왕이시다. 하나님 나라가 예수님을 통해, 그리고 그분 안에서 세상에 들어왔다. 왕이 없으면 왕국도 없다. 이제 하나님이 죄를 사하시고 평안과 정의를 회복시키시며 저주로부터 해방시키심을 우리의 왕이 선언하신다. 이것은 탄식하며 구속을 기다리는 모든 피조물에게 좋은 소식이다. 우리가 할 일은 회개하고 믿는 것이다. 그러면 그 나라의 축복을 누릴 것이다. 오직 예수님을 통해서만 가능하다. 예수님 없이는 축복도 없다.

이 좋은 소식이 누구에게나 좋은 소식일 거라고 생각할 수 있지만, 실상은 그렇지 않다. 많은 사람이 예수님을 미워했고, 그분께 무관심한 자들마저 그분의 십자가 처형에 협력했다. 그들이 그분의 위대하심과 그분이 전하신 소식의 위대함을 깨닫지 못한 이유는 무엇일까?

사람들이 예수께 반감을 피력한 이유는 다양했다. 어떤 사람들은 그분과 함께 곤경과 죽음에 이를까봐 두려워했다. 어떤 사람들은 섬김과 고난이라는 그분의 통치 방식을 이해하지 못했다. 예수님은 그들이 기대했던 메시아가 아니었다. 어떤 사람들은 기존의 종교 지도자들과 충돌하며 그들을 질책하시는 모습을 좋아하지 않았다. 어떤 사람들은 예수님이 함께 어울리는 사람들을 싫어했다. 또 어떤 사람들은 그분의 참모습 그대로를 좋아하지 않았다.

이 모든 사람들에게 나타나는 한 가지 공통점은, 구주로서의 예수님을 거부했다는 것이다. 예수 그리스도를 믿지 않으면 누구도 구원에 이르지 못한다. 그리고 예수님을 구주로 받아들이는 사람들은 정상적이라고 생각했던 옛 방식을 회개하고 초자연적인 새 방식을 따라야 한다.

하나님 나라 이야기

성경은 세상 창조에 관한 이야기로 시작되며, 시작부터 하나님은 어둠으로부터 빛을(창 1:4), 바다로부터 궁창을(7-8절), 바다로부터 육지를(9절) 분리하심으로써 자신의 주권적 권능과 권세를 행사하신다. 하나님이 세상을 '무로부터' 창조하실 때 그 명령대로 모든 것이 이루어졌다. 피조세계를 존속시키기 위해 하나님은 창조 '질서'를 세우고, 인류가 짐승들을 주관하게 하시고(26절), 남편을 아내의 머리로 선언하셨으며(2:18-22; 엡 5:23), 인류의 첫 부부에게 생육하고 번성하며 동산을 돌보고 땅을 정복할 것을 명하셨다(창 1:28-29; 2:15). 달리 말해 하나님 자신의 삼위일체적 행위와 창조적 속성을 반영하는 존재로서, 아담과 하와는 함께 협력하고 창조하며 경작하라는 명령을 받았다.

그런데 위기가 찾아온다. 사탄의 유혹에 빠진 아담 부부가 하나님의 권위를 거스르며 불순종의 반역을 범한다(3:1-13). '샬롬'(평강)이 깨진다. 그 결과 모든 피조물이 저주 아래 놓이고(14-19절), 아담 부부는 에덴동산에서 쫓겨난다(23-24절). 더 많은 것을 얻기 위한 고통, 목적과 의미 추구, 정의와 평안을 향한 갈망 등은 모두 이 원래적 파탄에서 비롯되었다. 즉 아담과 하와가 하나님께 불순종했고, 그 결과 추잡한 역사가 시작되었다.

그러나 타락과 저주의 이야기 속에는 신기한 것이 들어 있다. 바로 치유에 대한 소망이다.

"여호와 하나님이 뱀에게 이르시되 네가 이렇게 하였으니 네가 모든 가축과 들의 모든 짐승보다 더욱 저주를 받아 배로 다니고 살아 있는 동안 흙을 먹을지니라 내가 너로 여자와 원수가 되게 하고 네 후손도 여자의 후손과 원수가 되게 하리니 여자의 후손은 네 머리를 상하게 할 것이요 너는 그의 발꿈치를 상하게 할 것이니라 하시고"(14-15절).

하와를 유혹했던 뱀도 저주를 받았다. 그 저주 속에는 '원시복음', 혹은 '첫 복음'이라고 지칭되는 것도 들어 있다. 여자의 후손이 뱀의 머리를 상하게 하고 뱀은 그의 발꿈치를 상하게 할 것이다. 이것은 메시아이신 예수님의 십자가 처형에 대한 예고일 수 있다. 그분의 죽음은 뱀의 치명적인 공격처럼 보이지만, 사실은 뱀의 머리에 가해지는 결정타가 될 것이다.

참으로 흥미로운 아이러니다. 마귀의 눈에 비참한 패배로 보이는 메시아의 죽음이 실상은 위대한 승리다. 이 사실은 성경에서 다양하게 묘사된다. 십자가 처형을 당한 왕이 정복자가 되신다. 선지자 이사야는

"그가 징계를 받으므로 우리는 평화를 누리고 그가 채찍에 맞으므로 우리는 나음을" 받음을 약속한다(사 53:5). 사도 바울은 이렇게 말한다.

"또 범죄와 육체의 무할례로 죽었던 너희를 하나님이 그와 함께 살리시고 우리의 모든 죄를 사하시고 우리를 거스르고 불리하게 하는 법조문으로 쓴 증서를 지우시고 제하여 버리사 십자가에 못 박으시고 통치자들과 권세들을 무력화하여 드러내어 구경거리로 삼으시고 십자가로 그들을 이기셨느니라" (골 2:13-15).

세상의 눈에는 패배와 저주의 상징인 십자가가 도리어 사탄을 정복하고 율법을 성취하며 죄를 멸하고 생명을 부여하는 방편이 된다.

모든 위대한 이야기가 그렇듯 여기에도 예기치 않은 반전이 있다. 십자가가 죄를 정복하는 승리의 방편이 되는 것은 뒤이은 예수 그리스도의 부활 때문이다.

"그러나 이제 그리스도께서 죽은 자 가운데서 다시 살아나사 잠자는 자들의 첫 열매가 되셨도다 사망이 한 사람으로 말미암았으니 죽은 자의 부활도 한 사람으로 말미암는도다 아담 안에서 모든 사람이 죽은 것같이 그리스도 안에서 모든 사람이 삶을 얻으리라 그러나 각각 자기 차례대로 되리니 먼저는 첫 열매인 그리스도요 다음에는 그가 강림하실 때에 그리스도에게 속한 자요 그 후에는 마지막이니 그가 모든 통치와 모든 권세와 능력을 멸하시고 나라를 아버지 하나님께 바칠 때라 그가 모든 원수를 그 발아래에 둘 때까지 반드시 왕 노릇 하시리니 맨 나중에 멸망받을 원수는 사망이니라 만물을 그의 발아래에 두셨다 하셨으니 만물을 아래에 둔다 말씀하실 때에 만물을 그의 아래에 두신 이가 그중에 들지 아니한 것이 분명하도다 만물을 그에게 복종하게 하실 때에는 아들 자신도 그때에 만물을 자기에게 복종하게 하신 이에게 복종하게 되리니 이는 하나님이 만유의 주로서 만유 안에 계시려 하심이라"(고전 15:20-28).

아담의 죄 때문에 세상에 사망이 들어왔고 죗값은 반드시 죽음으로 치러져야 한다(히 9:22). 그러나 하나님은 '눈에는 눈' 방식에 만족하지 않으신다. 그분의 계획은 개선이 아니라 회복과 갱신이다. 즉 하나님의 창조질서를 온전한 모습으로 되돌리려면 죽음 자체가 제거되어야 한다. 이것이 세상을 위한 하나님의 계획이며, 처음부터 끝까지 일관되게 성경이 전개되는 이야기다. 그리고 이것은 창세기의 비극적인 타락에서 시작하여 불의와 사악함과 사망을 멸하시는 예수 그리스도의 최종 승리에 관한 요한계시록의 묘사에서 절정에 달한다.

지금 우리는 '말세'를 살고 있다. 말세는 그리스도의 성육신, 죽음, 부활, 승천을 통해 하나님 나라가 시작된 때로부터 그의 재림으로 그 나라가 완성될 때까지의 기간을 말한다. 그 나라는 이미 왔고 또한 올 것이다. 그 나라는 그것을 열정적으로 추구하는 자들의 것이다(마 11:12). 하나님 나라의 권능이 피조세계를 뒤흔들고 있다.

성경은 온 세상이 인류의 죄로 오염되었기 때문에, 하나님 나라의 도래가 대격변을 수반할 거라고 말한다. 현 세상이 무너질 것이다. 하지만 무너진 상태에 너무도 익숙한 우리 눈에는 정상 상태로의 회복이 도리어 붕괴처럼 보일 수 있다. 실제로 그렇다. 이제까지의 존재 방식이 무너지고 올바른 상태로 재편성된다. 선지자 다니엘은 느부갓네살 왕의 혼란스러운 꿈을 이렇게 해석한다.

"왕이여 왕은 여러 왕들 중의 왕이시라 하늘의 하나님이 나라와 권세와 능력과 영광을 왕에게 주셨고 사람들과 들짐승과 공중의 새들, 어느 곳에 있는 것을 막론하고 그것들을 왕의 손에 넘기사 다 다스리게 하셨으니 왕은 곧 그 금 머리니이다 왕을 뒤이어 왕보다 못한 다른 나라가 일어날 것이요 셋째로 또 놋 같은 나라가 일어나서 온 세계를 다스릴 것이며 넷째 나라는 강하기가 쇠 같으리니 쇠는 모든 물건을 부서뜨리고 이기는 것이라 쇠가 모든 것을 부수는 것같이 그 나라가 뭇 나라를 부서뜨리고 찧을 것이며 왕께서 그 발과 발가락이 얼마는 토기장이의 진흙이요 얼마는 쇠인 것을 보셨은즉 그 나라가 나누일 것이며 왕께서 쇠와 진흙이 섞인 것을 보셨은즉 그 나라가 쇠 같은 든든함이 있을 것이나 그 발가락이 얼마는 쇠요 얼마는 진흙인즉 그 나라가 얼마는 든든하고 얼마는 부서질 만할 것이며 왕께서 쇠와 진흙이 섞인 것을 보셨은즉 그들이 다른 민족과 서로 섞일 것이나 그들이 피차에 합하지 아니함이 쇠와 진흙이 합하지 않음과 같으리이다 이 여러 왕들의 시대에 하늘의 하나님이 한 나라를 세우시리니 이것은 영원히 망하지도 아니할 것이요 그 국권

이 다른 백성에게로 돌아가지도 아니할 것이요 도리어 이 모든 나라를 쳐서 멸망시키고 영원히 설 것이라"(단 2:37-44).

느부갓네살의 왕국이 강력하고 광활하며 다른 큰 나라들도 뒤이어 일어나겠지만, 하나님 나라에 비하면 그들 모두는 아무것도 아니다. 하나님 나라는 하나님이 친히 세우시므로 결코 무너지지 않는 영원한 나라다. 그 나라가 세상에 임할 때 다른 모든 나라는 산산조각이 나는 것으로 묘사된다. 선지자 이사야도 메시아의 통치를 통해 그 나라가 도래할 것을 이렇게 묘사한다.

"외치는 자의 소리여 이르되 너희는 광야에서 여호와의 길을 예비하라 사막에서 우리 하나님의 대로를 평탄하게 하라 골짜기마다 돋우어지며 산마다 언덕마다 낮아지며 고르지 아니한 곳이 평탄하게 되며 험한 곳이 평지가 될 것이요 여호와의 영광이 나타나고 모든 육체가 그것을 함께 보리라 이는 여호와의 입이 말씀하셨느니라"(사 40:3-5).

여기서 왕의 도래는 온 땅을 뒤흔드는 사건으로 묘사되며, 그 내용은 저주를 몰아내는 하나님 나라의 능력을 상징한다. 이것은 세례요한이 예수님의 도래를 알리면서 인용한 구절이기도 하다(눅 3:2-6).

하나님의 통치는 타락한 피조물뿐 아니라 부패한 각종 시스템을 위해서도 엄청난 파급효과를 낸다. 하나님 나라의 도래에 대한 이사야의 또 다른 예언을 살펴보자.

"주 여호와의 영이 내게 내리셨으니 이는 여호와께서 내게 기름을 부으사 가난한 자에게 아름다운 소식을 전하게 하려 하심이라 나를 보내사 마음이 상한 자를 고치며 포로 된 자에게 자유를 갇힌 자에게 놓임을 선포하며 여호와의 은혜의 해와 우리 하나님의 보복의 날을 선포하여 모든 슬픈 자를 위로하되 무릇 시온에서 슬퍼하는 자에게 화관을 주어 그 재를 대신하며 기쁨의 기름으로 그 슬픔을 대신하며 찬송의 옷으로 그 근심을 대신하시고 그들이 의의 나무 곧 여호와께서 심으신 그 영광을 나타낼 자라 일컬음을 받게 하려 하심이라 그들은 오래 황폐하였던 곳을 다시 쌓을 것이며 예부터 무너진 곳을 다시 일으킬 것이며 황폐한 성읍 곧 대대로 무너져 있던 것들을 중수할 것이며"(사 61:1-4).

이것은 예수님이 회당에서 읽고 자신에게 적용하셨던 본문이다(눅 4:16-21). 이러한 본문들은 하나님 나라에 관한 환상적인 이야기를 전해주는 견본에 해당한다. 이를 요약하면 다음과 같다.

하나님이 모든 것을 만드셨고, 좋게 만드셨다. 그러나 인간의 죄가 모든 것을 더럽히고, 이 세상과 우리 자신을 무너뜨렸다. 그렇지만 하나님은 거기서 끝나게 하지 않으셨다. 그분은 직접 개입하여 아들을 보내셨고, 하나님 나라의 도래와 자신의 왕 되심을 선언하셨다. 이 선언은 그 아들의 죽음과 부활을 통해 궁극적으로 인준되고 실현되었다. 또한 그 선언은 예전으로의 복귀를 넘어 더 나은 상태로의 갱신과 회복을 약속한다. 지금 우리가 갈망하는 것은 에덴동산이 아니라 새 하늘과 새 땅이다. 그러므로 오늘날 교회의 사명은 계속 그리스도를 왕으로 선언하는 것이며, 회개하고 예수님을 믿는 모든 사람에게 그분과의 연합을 통한 죄 사함과 죽음으로부터의 승리를 보장하는 하나님 나라에 관한 소식을 전하는 것이다.

이것이 하나님 나라 이야기의 요지이고 구약성경에서 예고하며 고대하는 이야기다. 또 신약성경에서 당연한 것으로 선언하는 이야기이며 사복음서에서 각기 독특한 방식으로 시작하는 이야기다.

이전 저서에서 나는 이 이야기에 나오는 예수님의 비유들을 다루며 '예수님에 관한 단편적인 이야기들이 하나님 나라의 더 큰 이야기에서 어떤 역할을 하는가?' 라는 물음을 제기했다. 거기서 밝힌 나의 논지는 그 비유들이 하나님 나라를 노래케 하시는 예수 그리스도의 영광을 계시한다는(혹은 감춘다는) 것이다. 그리고 본서에서 제기하는 질문은 이러하다. '예수님의 이적은 하나님 나라 이야기와 어떻게 연관되는가?'

그러나 이 질문에 답하기 전에, 우리는 보다 근원적인 물음에 답해야 한다.

이적이란 무엇인가?

우리는 이적을 하나님이 이따금 행하시는 '특별한' 일로만 생각하는 경향이 있다. 물론 충분히 이해할 만한 정의지만, 이적을 그런 식으로만 생각하면 문제가 생긴다. 그런 생각은 하나님이 행하시는 일들 중에 특별하지 않고 평범한 것들도 있다는 개념을 내포하기 때문이다. 사실 하나님이 하시는 일은 그 어떤 것도 평범하지 않다. 죽은 자를 살리시는 것부터 농작물을 영글게 하시는 것까지, 그분이 하시는 모든 일이 흥미진진하다.

따라서 하나님은 절대로 따분한 분이 아니시다. 만일 우리가 그분을 따분하게 여긴다면, 그것은 하나님이 아닌 우리에게 문제가 있는 것이다. 그분은 때로 놀라운 일을, 때로는 따분한 일을 행하시는 분이 아니다. 우리가 경외심을 잃을 때 하나님을 따분하게 여긴다. 우리가 매일 바라보는 하늘이 하나님의 영광을 선언한다. 이것이 이적이다.

물론 이적의 개념을 '모든 것'에 적용할 경우에는 '이적'이라는 말 자체의 의미를 약화시킬 수도 있다. 그렇다면 하나님이 행하시는 모든 일이 따분하지 않은데도 특정한 사건들을 이적적인 것으로 따로 구분할 수 있을까? 나는 그럴 수 있다고 생각한다. '이적'이라는 단어의 정의를 살펴보면 다음과 같다.

- 성경적인 이적의 개념에 따르면, 이적은 자연적인 섭리에 반하는 사건이

다(Evangelical Dictionary of Theology).[1]
- 성서신학에서 '이적'은 대개 초자연적인 사건, 즉 초자연적인 능력의 직접적인 결과로 간주되는 사건을 의미한다(Dictionary of Jesus and the Gospels).[2]
- '이적'이 넓은 의미로 사용될 경우에도 우주 안에서 행하시는 하나님의 일반적인 활동과 구분되는 어떤 것을 나타낸다(Craig S. Keener).[3]
- 하나님의 이적은 자연적인 패턴을 중단시키는 것이 아니라 새로운 패턴을 가미하는 것이다(C. S. Lewis).[4]

이와 같이 다양한 정의들은 이적에 대한 전반적인 이해를 도와주며, 각각 나름대로의 올바른 관점을 제시한다. 그리고 나는 본서의 목적에 따라 '이적'을 이렇게 정의하고자 한다. '예수님의 영광을 드러내시는, 하나님의 초자연적 행위.'

여기서 이 정의 자체에 대한 정의가 요구된다. '초자연적'이란 통상적으로 관찰되는 자연의 패턴을 중시시키거나 뒤잎는 깃처럼 보이는, 자연에서 자연을 통해 하나님이 행하시는 일을 가리킨다. 루이스는 이렇게 설명한다.

이적은 두 가지 조건을 전제로 한다. 첫째, 우리는 자연의 정상적인 안정성을 믿어야 한다. 이는 우리의 감각으로 전해지는 데이터가 규칙적인 패턴으로 되풀이된다는 사실을 인정해야 함을 뜻한다. 둘째, 우리는 자연 너머의 실재를 믿어야 한다.[5]

동시에 우리는 이적이 자연 너머로부터 비롯된다는 말이 자연법칙을 침해함을 뜻하는 것이 아니라는 점을 명심해야 한다. 어떤 사람들은 '이적'을 '자연법칙'을 위반하는 것으로 정의하지만, 우리는 이 정의를 거부해야 한다. 그것은 하나님을 우주파괴자 같은 존재로 여기게 만들기 때문이다. 루이스의 설명은 계속된다.

> 따라서 자연법칙을 깨트리는 그 무엇으로 이적을 정의하는 것은 부정확하다. 만일 내가 쇠파이프를 녹인다면 수많은 원자의 위치를 변경시키는 셈이다. ……자연은 이 일을 받아들이고 눈 깜짝할 사이에 그것을 다른 여러 일들과 조화시킨다. ……어떤 일이 자연 너머로부터 비롯될 경우, 그 일이 자연법칙을 훼손시키는 것이 아니다. 자연이 공격당하는 바로 그 지점에서 방어력이 작용한다. 이는 마치 손가락이 베이면 그 부위가 새로운 세포들로 급히 채워지는 것과 같다. 이 모든 과정이 자연법칙에 따라 진행된다.6)

계속해서 루이스는 이적으로 만든 포도주가 사람들을 취하게 하고 이적으로 만든 떡을 사람들이 먹었다는 사실을 언급한다. 그러므로 이적이 본질적으로 자연에 반하는 것이라 여기면 안 된다. 이적은 초자연적이지만 자연 안에서 표현되고 자연적인 효력을 발휘하며, 자연에 반하는 것이 아니라 자연의 패턴을 조정하고, 자연을 더 크고 생생하고 실제적이게 만든다. 자연으로 하여금 창조주께 더욱 복종하게 만든다. 때문에 이적이 평범한 것으로 여겨질 순 없지만 자연법칙을 위반하는 것으로 간주될 수도 없다. 이적이 위반하는 것이 있다면 그것은 우리의 인식과 가정과 지각이며, 이들 모두 오류의 가능성이 있다. 1500년 전에 살았던 성 어거스틴도 「신의 도성」(City of God)에서 이러한 성경적 논리를 피력했다.

> 우리는 모든 경이적인 것이 자연에 반(反)하는 것이라 생각한다. 하지만 사실은 그렇지 않다. 하나님의 뜻에 따라 일어나는 현상이 어떻게 자연에 반하겠는가! 피조된 모든 것에는 창조주의 뜻이 담겨 있다. 따라서 경이적인 것은 자연에 반하는 것이 아니라 우리가 아는 자연에 반한다.[7]

성경에서 하나님은 특별한 경우에만 특정한 일을 행하시는 것처럼 보인다. 또 성경에 그토록 많은 이적이 나오는데 오늘날의 '실제 삶'에는 이적이 거의 보이지 않는 이유가 무엇일까, 의아해하는 이들이 있다. 그러나 성경이 모든 날을 일일이 기록한 것은 아니며 기록된 날들 중에도 이적 없이 지나간 날들이 수없이 많았다는 것을 기억해야 한다. 성경에는 언약 백성과의 관계에서 행하신 하나님의 강력한 행사들 중 대표적인 것들만 수록되었다. 즉 성경에 이적이 많이 수록된 것은 그것이 보다 평범한 날에 일어난 일들보다 더 중요한 기록 가치를 지녔다고 판단되었기 때문이다. 그러므로 성경에 이적이 많이 기록되었다고 해서 이적이 흔했던 것으로 생각하면 안 된다.

다만, 성경 속의 이야기가 진전되면서 이적도 잦아졌고, 예수님의 지상사역에서 그것이 절정에 달했다. 루이스는 이적들을 하나님 나라 이야기의 문맥과 연관시킨다. "이적들은 우리 눈에 너무 큰 글씨로 온 세상에 기록된 이야기를 작은 글씨로 다시 쓴 것이다."[8]

다시 말해 이적이 정상적인 세상에 이상한 형태로 끼어드는 것이 아니라 정상적인 이적이 이상한 세상에 끼어드는 것이다. 예수님의 사역을 생각할 때, 우리는 먼저 세상이 죄 때문에 훼손되어 탄식하고 있으며, 외관상 아름답게 보여도 여전히 온전하지 못하다는 성경적인 믿음을 염두에 두어야 한다. 온 땅은 하나님의 의를 갈망하고 있다. 예수 그리스도께서 오셨을 때, 마치 그분이 자연법칙을 구부리시는 것처럼 보였지만, 사실은 구부러져 있는 자연법칙들을 펴셨다.

이런 의미에서 비정상적인 것은 현재의 세상이며 이적은 위대한 정상화 사례들이다.

또한 하늘은 하나님의 뜻이 온전히 이루어지는 곳이며, 우리 주님은 하늘에서처럼 여기서도 하나님의 뜻이 이루어지기를 구하는 기도를 가르치셨다.

예수님의 이적은 이 세상이 어떤 모습이어야 하는지를 어렴풋하게나마 보여준다. 예수님 안에서, 예수님을 통해 하나님 나라가 도래하고, 하나님의 뜻이 하늘에서 이루어진 것처럼 이 땅에서도 이루어지는 순간이다. 예수님의 이적들은 하늘로 열린 창이며, 마치 창문을 통해 들어온 햇빛이 그늘을 몰아내듯 그 창을 통해 하늘이 이 땅으로 밀려든다.

그리스도께서 이적을 행하신 목적

성경에 나오는 이적들은 무엇인가를 특별히 강조하시려는 하나님의 의도에 따른 것이다. 신약성경의 조명을 통해, 우리는 구약성경의 이적들마저 예수님의 영광을 드러내기 위한 하나님의 초자연적 행위였음을 알고 있다. 복음서에 수록된 예수님의 사역을 보면, 마치 댐이 터진 듯 이적의 물줄기가 쏟아져 내리고 무리들은 예상치 못할 일들을 기대하며 예수님께 몰려든다.

그러나 예수님은 신기한 재주를 구경하는 일에만 관심이 있던 자들을 경계하셨다. 예수님의 영광을 드러내기 위한 하나님의 초자연적인 사역과 하나님 나라를 위장하여 구경꾼들을 기만하기 위한 악령들의 초자연적인 사역을 구분하는 것이 중요하다. 후자는 이적보다는 마법으로 지칭되는 것이 더 적절하며, 성경에서 엄히 금하는 것이다.

반면 예수님의 이적들은 그분의 왕권을 영화롭게 하며, 또한 그의 나라에 관한 진리를 계시하시는 하나님의 초자연적 행위다. 예수님은 자신이 원할 때마다 이적을 행하셨고, 믿음 없는 자들에게는 간혹 이적을 행하시지 않는 경우도 있었다.

오늘날 어떤 사람들은 예수님께서 자신의 중요한 가르침을 들을 수 있도록 사람들의 마음을 끌기 위해 이적을 행하셨다고 말한다. 이 생각도 일리는 있지만 그게 전부는 아니다. 즉 사람들의 마음을 끄는 것이 이적의 주요 목적이 아니다. 이적은 타락한 피조세계에 하나님의 나라가 침투한 것이요, 앞에서 밝힌 바와 같이 "하늘로 난 창"이자 하늘과 땅을 연결시키는 문이다. 토마스 슈라이너는 이렇게 말한다. "예수님의 이적은…… 그 자체가, 적어도 부분적으로는 하나님 나라의 현실화다."[9] 혹은 크레이그 블룸버그가 설명하듯 "이적은 어떤 의미에서 하나님의 주권을 비유적으로 표현한 것이다."[10] 달리 말해 이적은 하나님의 뜻이 하늘에서처럼 이 땅 위에도 나타날 때의 일들에 관한 그림이다.

우리는 예수님의 선견, 예언, 권세 있는 가르침 등에서도 이적적인 요소를 본다. 하지만 예수님의 네 가지 이적의 범주와 특별한 경우에서의 하나님 주권의 분명한 임재 사례를 볼 수 있다. 본서의 내용 전개도 주로 이 범주적 경로를 따를 것이다. 즉 그리스도의 자연 통제(2-4장), 그리스도의 치유(5-6장), 그리스도의 귀신 축사(逐邪, 7장), 죽은 자들을 살리신 그리스도(8-9장), 그리고 그리스도 자신에 관한 특별한 경우(10장)다.

이 범주에 속한 모든 이적은 예수님의 신성을 인정하는 것에 그치지 않고 그 신성을 세상에 드러내며 세상을 위한 하나님의 목적을 선언한 것이기도 하다. 따라서 본서에서는 이 이적들을 예수께서 자신의 사역을 돋보이게 하려고 만드신 것이 아니라, 하나님 나라가 도래할 때 따르는 불가피한 결과로 볼 것이다.

벤자민 B. 워필드는 이렇게 말한다. "우리 주님이 이 땅에 오실 때 하늘을 끌고 오셨다. 그분의 사역에 동반된 표적들은 그분의 본향인 하늘로부터 가지고 오신 영광의 자취일 뿐이다."[11]

온전한 인성과 온전한 신성을 함께 지니셨던 예수님은 이 세상과 저 세상의 간극을 자유로이 넘나드셨고 피조세계의 한계를 넘어서는 일을 행하셨다. 달리 말해 우주의 왕께는 세상이라는 옷이 너무 작았다. 솔기가 찢어지고 그의 영광이 넘쳐난다 해도 우리는 놀랄 이유가 없다.

예수님의 이적이 갖는 의미는 대략 다음의 네 가지로 요약된다.

- 예수님의 이적은 하나님 나라가 '가까움'을 알렸다.
- 예수님의 이적은 천상적인 '정상화' 행위였다. 즉 무너진 이 세상이 장차 어떤 모습으로 변할 것인지를 보여주는 스냅사진 같은 것이다.
- 천상적인 정상화 행위라는 점에서, 예수님의 이적은 세상의 부패한 경로와 악한 마귀의 영역을 혁신적으로 타파하는 행위였다.
- 예수님의 이적은 예수 그리스도께서 위의 세 가지 행위의 원천이요 총체이심을 보여주었다.

복음서의 이적들은 이와 같은 네 가지 방식으로 하나님의 아들의 영광을 계시하며 다양한 측면에서 이 목적을 명시한다.

또한 예수님의 이적은 풍성한 생명과 평강 등에 관한 언약적 실현이다. 그 이적들은 에덴보다 더 아름다운 것을 보여주며, 타락 이전의 아담보다 더 위대하신 분을 보여준다. 죽을 수밖에 없는 죄인들을 그리스도와 같은 모습으로 변화시키는 위대한 영광을 계시한다.

THE WONDER WORKING GOD

2. 더 좋은 포도주

내가 첫 기적을 행한 것은 열아홉 살 때다. 지금까지 그것은 나의 유일한 기적이었고, 그 효과는 매우 컸다.

당시 나는 텍사스 휴스턴에서 학생 담당 사역자로 일하면서 수요일 저녁마다 청소년 예배를 인도했다. 예배를 준비할 때마다 100명가량의 중고등학생에게 신선한 무언가를 제공해야 한다는 압박감을 느꼈다. 그런데 그날은 멋지게 서두를 시작할 방법이 도무지 떠오르지 않았고, 하는 수 없이 나는 기적을 행하기로 결심했다.

그날 나는 물이 포도주로 변하게 했다. 아이들은 여느 때처럼 들떠 있었고, 사탕과 콜라를 먹으며 찬양을 흥얼거렸다. 내가 무대에 놓인 테이블 앞에 다가서자, 아이들은 불편한 금속제 의자에 앉아 호기심 어린 눈으로 나를 주시했다. 테이블 위에는 주전자 두 개와 유리컵 하나가 놓여 있었다. 한 주전자는 비어 있었고, 다른 주전자에는 물이 채워져 있었다. 나는 가나의 혼인잔치 때 있었던 예수님의 이적에 관해 가르치기 시작했다. 그리고 입을 크게 벌리며 하품하는 아이들 앞에서 물이 채워진 주전자의 내용물을 빈 주전자로 옮겨 부었다. 그러자 그 물은 곧 '붉은 포도주'로 변했다. 그리고 어떻게 한 건지 묻는 한 아이에게 "주님이 하셨어."라고 대답했다.

사실 빈 주전자의 바닥에는 진홍색의 식품착색제가 깔려 있었지만 맨 앞에 앉은 아이들에게조차 잘 보이지 않았다. 결국 착색제와 섞인 물은 곧바로 진홍색으로 바뀌었다.

나는 그 기적의 음료를 잔에 부어서 알코올 성분이 없으니 안심하고 마시라며 앞줄에 앉은 한 중학생에게 건넸다. 그 아이는 마치 독이 든 음료라도 받은 듯 놀라는 눈치였지만 내가 어서 마시라고 재촉하자 그것을 홀짝홀짝 마셨다. 나는 그 학생에게 이렇게 물었다.

"맛이 어때?"

"포도주스 맛인데요."

아이들은 숨을 죽였다(어쩌면 내가 그렇게 생각했을 수도 있다). 내가 물을 포도주로 변하게 한 것이다. 눈치 채지 못하는 음식착색제를 빈 주전자 바닥에 깔고 백포도주스를 다른 주전자에 가득 채워두기만 하면 누구나 이런 기적을 행할 수 있다. 특히 색이 바랜 반투명 주전자에 백포도주스를 가득 채우면 그것은 정말 물처럼 보인다.

그날 밤의 설교 내용은 잘 기억나지 않지만 그때의 눈속임과 내가 한 아이에게 포도주스를 마시게 했던 것은 기억난다. 나는 이런 말을 했던 것 같다. "단지 변화된 것처럼 보이는 것만으로는 충분하지 않아요. 여러분이 변화되어야 합니다." '그리스도인 체하는' 교회 아이들에게 일종의 경고 메시지를 던지려 했던 셈이다. 당시의 나로서는 그 정도가 최선을 다한 설명이었지만 그 기본적인 요지는 지금도 여전히 중요하다. 가나에서 베푸신 우리 주님의 실제 이적에도 그런 메시지가 담겨 있을 것이다.

사람은 본질적으로 그릇된 상태에 머물면서도 진리를 가장할 수 있다. 특별히 이것은 예수님께서 회칠한 무덤과 겉만 깨끗한 대접에 대한 비판으로부터(마 23:25-27) 잎만 무성하고 열매가 없는 무화과나무에 대한 저주(막 11:12-14) 및 입술로만 하는 공경에 대한 질책에 이르기까지(막 7:6) 거듭 반복하신 가르침이다.

하나님의 아들이 역사 속에 들어오셨을 때, 유대인들은 이미 외식과 영적 가식에 오래도록 감염되어 있는 상태였다. 이사야 58장과 말라기의 엄한 경고 메시지도 그런 폐단에 대한 것이다. 특히 유대교 기득권층은 신실함을 가장한 가식 전문가였다.

내 친구 중 한 명의 아내는 애즈베리 대학생 시절에 1970년의 부흥운동을 목격했다. 성령께서 강력한 사랑의 임재로 학생들에게 세례를 베푸셨다. 전혀 예기치 않은 일이었다. 많은 학생이 공개적으로 회개하고 화해했으며, 확신 가운데 복음전도를 시작했다. 또 집회로 모이면 눈물을 흘리며 찬양했다. 캠퍼스에서 일어나는 그런 일들에 대해 매우 회의적인 사람들마저 그것이 하나님의 신선하고 진실한 감동의 결과임을 확신했다. 그 운동은 정확히 144시간 동안 이어졌고, 그 일이 일어나는 동안에는 애즈베리 대학의 일반 업무가 일시적으로 중지되었다.

친구 아내의 말에 의하면, 그때 무엇인가 변화되었다. 부흥운동은 오자마자 사라지는 것 같았지만 일부 학생이 그 부흥운동을 자신들의 힘으로 지속시키고자 했다. 성령의 그 특별하신 임재를 그들은 작위적으로 연장하기 원했다. 하지만 대학 당국은 모든 학생에게 수업에 복귀

하고 정상적인 스케줄에 따르도록 지시함으로써 그 가짜 운동을 원천적으로 봉쇄했다.

예수님 당시의 종교적 분위기는 아무도 가짜를 제지하지 않을 때 어떤 일이 일어나는지를 보여주는 증거였다. 말라기 이후 하나님의 영이 침묵하셨고, 유대교 지도자들은 모든 종교 제도를 자기 의(self-righteousness)를 추구하는 방편으로 전락시켰다. 수백 년 동안 가짜들이 세력을 굳혀 온 상황에서 진짜가 나타났을 때의 상황은 과연 어떠했을까? 세례요한은 가식적인 세력의 허울을 벗기고 영적 포로들의 결박을 깨트리실 주님의 길을 예비했다. 그 상황은 또 어떠했을까?

아마도 미지근한 물일 줄 예상하고 마신 음료가 강렬한 맛의 포도주였을 때처럼 놀라웠을 것이다.

잔치의 생명

구속에 관한 성경의 위대한 이야기가 혼례로 시작하여(창 2:22-24) 혼례로 끝나기 때문에(계 19:6-9), 그리스도가 결혼식장에서 공적 사역을 시작하신 것은 매우 적절하다. 결혼은 하나님께서 백성을 향하신 그분의 사랑을 표현하는 주된 이미지다. 따라서 신랑과 신부의 결합이라는 이미지는 그리스도와 교회의 연합, 혹은 하나님 나라와 피조세계와의 (재)결합을 상징한다. 요한복음이 영광스러운 창조를 회고함으로써 시작하는 것에서 알 수 있는 것처럼 요한이 그의 복음서에서 가장 염두에 둔 것은 짐작컨대 후자의 이미지인 것 같다.

"태초에 말씀이 계시니라 이 말씀이 하나님과 함께 계셨으니 이 말씀은 곧 하나님이시니라 그가 태초에 하나님과 함께 계셨고 만물이 그로 말미암아 지은 바 되었으니 지은 것이 하나도 그가 없이는 된 것이 없느니라 그 안에 생명이 있었으니 이 생명은 사람들의 빛이라 빛이 어둠에 비치되 어둠이 깨닫지 못하더라"(요 1:1-5).

요한복음 1장 10절은 세상이 하나님의 아들을 통해 창조되었다고 말한다. 이는 그분이 성육신하기 오래전부터 계셨음을, 영원 전부터 아버지와 함께 공존하셨음을, 그리고 성부와 성령이 하나님이시듯 그분도 하나님이심을 알려준다. 요한은 공관복음에서 보다 암시적인 사실, 즉 구약성경의 창조 이야기에 나오는 말씀이 바로 신약성경의 새 창조 이야기에 나오는 예수이심을 분명히 한다. 복음서들은 만물 갱신의 시작으로서(계 21:5) 예수 그리스도를 통해 이루어지는 하나님 나라의 도래를 기록하고 있다. 창세기 1장 9-13절에서 물이 한 곳으로 모이고 땅이 과일나무를 내었던 셋째 날을 기록하듯, 요한은 다음과 같이 기록한다.

"사흘째 되던 날 갈릴리 가나에 혼례가 있어 예수의 어머니도 거기 계시고 예수와 그 제자들도 혼례에 청함을 받았더니 포도주가 떨어진지라 예수의 어머니가 예수에게 이르되 저들에게 포도주가 없다 하니 예수께서 이르시되 여자여 나와 무슨 상관이 있나이까 내 때가 아직 이르지 아니하였나이다 그의 어머니가 하인들에게 이르되 너희에게 무슨 말씀을 하시든지 그대로 하라 하니라 거기에 유대인의 정결 예식을 따라 두세 통 드는 돌 항아리 여섯이 놓였는지라 예수께서 그들에게 이르시되 항아리에 물을 채우라 하신즉 아귀까지 채우니 이제는 떠서 연회장에게 갖다 주라 하시매 갖다 주었더니 연회장은 물로 된 포도주를 맛보고도 어디서 났는지 알지 못하되 물 떠온 하인들은 알더라 연회장이 신랑을 불러 말하되 사람마다 먼저 좋은 포도주를 내고 취한 후에 낮은 것을 내거늘 그대는 지금까지 좋은 포도주를 두었도다 하니라 예수께서 이 첫 표적을 갈릴리 가나에서 행하여 그의 영광을 나타내시매 제자들이 그를 믿으니라"(요 2:1-11).

요한은 우리에게 이 이적(사실상 예수님의 모든 이적)의 목적을 알려준다. 그 목적은 바로 예수님의 영광을 나타내는 것이다. 루돌프 슈나켄부르크도 이 점에 동의한다. "복음서 기자에게 가장 중요한 것은 예수님의 영광의 계시다. 이와 같은 기독교적 관점에서 벗어난 모든 해석은 핵심을 놓친 것이다."[12] 우리가 복음의 본질로부터 멀리 떨어진 공상적인 시각으로 이적을 이해하지 않으려면 이 목적을 명심해야 한다. 이적을 보면서 그리스도를 보지 못하는 것은 위험한 실책이다. D. A. 카슨은 이것을 다음과 같이 상기시킨다. "혼인집의 하인들은 표적을 보았지만 예수님의 영광은 보지 못했다. 제자들은 그 표적 이면에 있는 예수님의 영광을 믿음으로 감지했고, 그래서 그분을 믿었다."[13]

그렇다면 이 이적이 예수님에 관해 계시하는 것은 무엇인가? 그 속에서 예수님의 어떤 영광이 드러나는가?

우리는 분명 예수님의 능력을 본다. 그분은 존재하지 않았던 어떤 것을 존재하게 하실 수 있다. 항아리들은 물로 채워져 있었고 예수님은 그 물을 포도주로 바꾸셨다. 말씀으로 그렇게 하셨는지, 어떤 동작으로 하셨는지는 본문에서 언급하지 않기 때문에 알 수 없다. 우리가 아는 것은 종들이 항아리에 물을 붓고, 포도주를 퍼내었다는 사실이다. 예수님의 창조능력은 참으로 놀랍다.

예수께서 잔치 자리에 계셨다는 점에 주목하여 그분이 소위 '파티족'이었다고 주장하는 사람들이 많다. 즉 그분이 잔칫집에서 먹고 마시는 것을 즐기셨다는 것이다. 하지만 이 주장은 예수님을 심하게 오인한 것이다. 요한복음 본문에는 예수님이 그곳에 계시는 것을 기뻐하셨다는 언급조차 없다. 당연히 혼인을 축하하셨겠지만, 사실 처음에는 피로연에 개입하길 꺼리시는 듯했다.

한 친구의 결혼 피로연에서 펀치(술, 설탕, 우유, 레몬, 향료 등을 넣어 만드는 음료-역주)가 동이 났던 적이 있다. 사람들은 기분이 언짢아지기 시작했고, 그 문제를 해결하러 나섰던 사람들도 마찬가지였다. 예수님도 그 잔칫집에서 신나게 즐기며 사시는 모습은 아니었다. 하지만 예수님이 어디로 가시든, 그곳이 행복한 자리든 성내는 자리든, 그분은 언제나 잔치의 생명이시며 어느 곳에서든 분위기를 바꾸신다. 그분의 임재 자체가 분위기에 영향을 준다. 요한복음 본문에서도 그분의 영광이 드러남으로

2. 더 좋은 포도주 43

써 잔칫집의 분위기가 매우 고조되었다.

사실 예수님은 물 섞은 포도주를 쉽게 내실 수 있었다. 실제로 잔칫집 주인들은 좋은 포도주가 떨어질 때를 대비하여 질 낮은 포도주를 따로 준비해두었다(요 2:10). 그러나 예수님은 가장 좋은 것을 주시는 분이다. 만일 우리에게 필요한 것이 포도주라면, 그분은 최상품의 포도주를 제공하신다.

그런데 예수님께서 이적을 베푸시기 전에 어머니와 나누신 대화가 특이하다. 그 자리에서는 자신의 영광을 드러내지 않으실 계획이었을까? 강요를 당하신 걸까? 공적 사역을 너무 서둘러 개시하신 걸까? 어머니의 요청에 대한 예수님의 반응을 우리는 좀 더 신중하게 묵상해볼 필요가 있다.

마리아의 요청

마리아는 그 결혼식의 문제를 예수님의 문제로 만들었다. 그러나 예수님은 "여자여 나와 무슨 상관이 있나이까 내 때가 아직 이르지 아니하였나이다"라고 대답하셨다(요 2:4). 여기서 예수님이 자신의 어머니를 '여자'로 지칭하신 것은 다소 딱딱한 표현이기는 하지만 현대인들이 생각하는 것처럼 무례한 말은 아니다.

이 부분에 대해 존 칼빈은 예수님께서 자신이 어머니의 지시를 받을 존재가 아님을 밝히신 것은 아니라고 설명한다. "그리스도는 어머니의 잘못을 지적하신 것이 아니라 어머니의 말이 곡해될 위험이 있음을, 자신의 이적이 단지 어머니의 부탁에 따른 것으로 곡해될 수 있음을 언급하신 것이다."[14]

정말 그랬을 것이다. 청소년 때부터(눅 2:49) 사역을 시작하신 이후까지(마 12:48), 예수님은 하늘에 계신 아버지를 이 세상 가족보다 우선시해야 함을 거듭 확언하셨다. 물론 예수님은 어머니를 매우 사랑하셨고 효성이 지극한 아들이었다. 하지만 그분은 마마보이가 아니셨다. 마리아가 그분을 좌지우지할 수 없었다.

예수께서 어머니의 요청을 거부하는 듯한 말씀을 하신 의도에 대해 좀 더 깊이 살펴볼 필요가 있다. 존 파이퍼는 이렇게 설명한다.

예수님은 "어머니, 알겠습니다. 당장 대책을 세워볼게요."라고 부드럽게 말씀하실 수도 있었다. 그리고 말씀은 그렇게 하지 않았지만 실제 행동으로 그렇게 하셨다. 그러면 그렇게 말씀하신 이유는 무엇일까? 이차피 어머니의 뜻대로 하실 마음이었다면, 왜 어머니 말에 순순히 동의하지 않으셨을까? 다소 매정하게 말씀하신 이유가 무엇일까?

내 생각에, 그 이유는 예수님이 혈육관계에 얽매일 수 없음을 자신의 어머니와 형제들을 포함한 우리 모두에게 분명히 알려주고자 하셨기 때문이다. 그분의 어머니와 가족에게는 그분의 사역을 좌지우지할 특권이 없었다. 또 어머니와 혈육상의 가족이라 해서 그분의 구원을 우선적으로 받을 수 있는 것도 아니었다.

달리 말해, 예수님과 더불어 구원의 관계를 맺을 수 있는 자들은 혈육의 가족이 아니라 그를 따르는 자들이다. "여자여 나와 무슨 상관이 있나이까 내 때가 아직 이르지 아니하였나이다"(요 2:4)라는 말씀은 이런 맥락에서 이해된다. 어머니라 해서 특권을 지닌 것이 아니었다. 구원과 관련하여 마리아는 다른 모든 여자들 중 한 사람일 뿐이었다. 예수님의 이적 행사를 결정하는 이는 그 어떤 사람이 아닌 오직 하늘에 계신 아버지뿐이셨다. 그리고 그분의 은총으로 나아가는 길은 가족이 아니라 믿음이었다.

이것은 우리에게 매우 좋은 소식이다. 우리의 혈통이 어떠하든 상관없다. 설령 우리의 부모가 매우 불경건한 사람일지라도 그 사실이 예수님의 은총을 차단시키지 않는다. 우리를 그분의 친구로 만드는 것은 가족이 아닌 믿음이다.[15]

이것이 귀한 설명인 이유는 우리를 복음의 본질로 이끌며, 그 이적이 행해지기도 전에 그 이적 속에서 드러날 예수님의 영광에 주목하도록 도와주기 때문이다. 자신의 행동이 마리아에 의해 조종될 수 없음을 상기시킴으로써, 예수님은 구원에 대한 자신의 통제권 역시 스스로 제한하셨다. 그분은 자신의 가족에게 신세를 지지 않으시려 했다. 그분의 나라도 마찬가지다. 존 파이퍼가 말하듯 "그분의 은총으로 나아가는 길은 믿음이다." 제자들은 이 길을 따랐다(요 2:11). 따라서 예수님이 어머니에게 하신 말씀은 우리에게 유익하다. 왜냐하면 그 말씀은 은혜 안에서 얻는 우리의 유업이 가족의 결속, 인종, 사회적 신분 등의 세상적인 것을 조건으로 하는 것이 아니라 오로지 하나님의 은총에 근거함을 뜻하기 때문이다. 거듭 말해 우리를 의롭게 하는 것은 혈통이 아니라 믿음이다.

또한 어머니에게 하신 예수님의 말씀 속에는 신학적으로 의미심장한 것이 내포되어 있다. 그분은 "내 때가 아직 이르지 아니하였나이다"라고 하셨다(요 2:4). 이것은 공적 사역을 개시하실 때가 이르지 않았다는 말씀이 아니다. 공적 사역은 이미 시작되었다. 따라서 여기서 말하는 '내 시간'이나 '내 때'는 둘 중 하나를 가리킨다. 즉 십자가를 향해 나아가기 시작할 때나 그의 초월적 영광을 온전히 계시하실 시점이다.16) 물론 여기서는 두 가지 모두와 무관하지만, 어떤 결정적인 시점을 가리키는 것만은 분명하다. 예수님이 어머니에게 하신 말씀과 취하신 행동을 면밀히 살펴볼 때, 그 말씀은 이런 내용이었을 것이다. "어머니, 나의 구속 목적을 세상에 온전히 드러낼 때가 아닙니다. 그럼에도 불구하고, 지금 그때를 암시하는 일을 행할 것입니다."

마리아는 아들의 말을 순순히 따르면서 하인들에게 "너희에게 무슨 말씀을 하시든지 그대로 하라"고 지시했다. 마리아는 예수님이 나서실 것이라 생각했고, 예수님은 실제로 그렇게 하셨다.

예수님은 자신의 어머니를 사랑했고 어머니를 기쁘게 하고 싶었다. 그분은 어머니가 자신이 생각하는 것 이상을 요청하고 있음을 아셨다. 그러나 예수님은 종종 자신의 권위에 복종하는 자들에게 그들이 부탁하거나 상상하는 것 이상을 베푸신다(엡 3:20; 요 1:16). 물을 포도주로 변하게 하신 일은 예수님께서 마리아의 구주이자 그녀의 순종하는 아들이

셨음을 보여준다. 마리아는 포도주가 동이 나서 당혹스러워하는 잔칫집 주인을 자신의 아들이 구해주길 원했고, 예수님은 그 기회를 활용하여 구원의 전조를 보이셨다.

실현된 약속

"거기에 유대인의 정결 예식을 따라 두세 통 드는 돌항아리 여섯이 놓였는지라"(요 2:6). 예수께서 사용하신 항아리들이 유대교 종교 예식과 연관된 것이 우연일까? 크레이그 블롬버그는 이 이적이 "모세 종교의 옛 '물'이 하나님 나라의 새 '포도주'로 전환됨을 생생하게 보여주는 것"이라고 설명한다.[17]

이후 예수님이 주신 혼례와 포도주에 관한 가르침은 이 이적의 핵심 내용을 이해하는 데 도움이 된다.

"예수께서 그들에게 이르시되 혼인 집 손님들이 신랑과 함께 있을 때에 금식할 수 있느냐 신랑과 함께 있을 동안에는 금식할 수 없느니라. 그러나 신랑을 빼앗길 날이 이르리니 그날에는 금식할 것이니라. 생베 조각을 낡은 옷에 붙이는 자가 없나니 만일 그렇게 하면 기운 새것이 낡은 그것을 당기어 해어짐이 더하게 되느니라 새 포도주를 낡은 가죽 부대에 넣는 자가 없나니 만일 그렇게 하면 새 포도주가 부대를 터뜨려 포도주와 부대를 버리게 되리라 오직 새 포도주는 새 부대에 넣느니라 하시니라"(막 2:19-22).

새 언약을 개시하면서 예수님은 줄곧 새 창조의 도래를 알리셨다. 옛 언약의 포도주는 옛 체제(희생제사와 각종 의식을 포함한 성전 시스템) 속에서 충분히 잘 존속되었다. 그러나 새 언약의 포도주는 새것을 필요로 한다. 한때 지성소에 국한되었던 하나님의 임재가 이제 성령 안에서 모든 곳으로 확장된다. 성령이 그에게 속한 사람들 안에 거하시고, 그들의 몸이 성전이 되며(고전 6:19) 그들 가운데 하나님 나라가 있다(눅 17:21).

옛 방식은 시대에 뒤떨어져 사라졌다. 예수님은 이렇게 말씀하신 셈이다. "너희가 너희의 옛날식 종교의 물로 항아리에 가득 채운 것을 나는 복음의 새 포도주로 대체할 것이다." 이 과정에서 예수님은 새로운 것을 고안하는 것이 아니라 옛 종교 자체에 약속되어 온 것을 제시하셨다. 구약성경 전반에 걸쳐 포도주는 다양한 의미를 지닌다. 포도주는 기쁨(시 104:15; 전 10:19), 승리(사 62:8-9), 옹호(호 14:7), 만족(욜 2:19), 풍성(욜 2:24, 3:18), 그리고 회복(암 9:13-14)을 나타낸다. 또 이사야 55장 1절은 하나님의 거저 주시는 은혜를 예고한다.

> "오호라 너희 목마른 자들아 물로 나아오라 돈 없는 자도 오라 너희는 와서 사 먹되 돈 없이 값없이 와서 포도주와 젖을 사라"

예수님의 복음도 값없이 제공된다. 그분은 아무런 대가도 없이 우리에게 모든 것을 베푸신다. 우리가 영적 돼지저금통을 종교적 노력이라는 현금으로 채워야 할까? 우리의 노력에는 한계가 있다. 우리의 노력이 아닌 예수님의 사랑이 우리에게 늘 좋은 것을 주신다.

예수께서 만드신 포도주 속에는 옛 언약의 귀한 것들이 담겨 있다. 누구나 오래된 포도주가 최상품이라는 것을 안다. 그러나 예수님의 새 포도주는 가장 오래된 포도주의 맛과 깊이와 효능을 지녔다. 단지 말씀만으로 그것을 만드셨지만, 그 포도주에는 오랜 세월을 거친 좋은 포도주의 모든 풍미가 들어 있다. 물이 있었던 곳에 이제 포도주가 있다. 하지만 그 포도주는 출처 없는 것이 아니다. 그것은 오랫동안의 약속과 기대로부터 온 것이며, 족장들과 선지자들의 모든 소망과 기쁨으로 가득하다.

예수님은 감쪽같은 마술을 부리신 것이 아니다. 단지 사람들의 요구를 들어주신 것도 아니다. 그분은 옛 약속을 실현하셨다. 존 프라이어는 그것을 종말의 포도주로 지칭했다.[18] 하나님의 나라가 도래했다는 사실을 이 포도주가 알려준다는 것이다. 우리는 회개와 믿음으로 그 나라에 참예할 수 있다. 우리는 그리스도의 포도주를 마신다. 우리의 생명과 기쁨의 원천인 그분의 피를 마신다. 이 포도주에 대해 헤르만 리더보스는 이렇게 말한다. "지속적으로 흐른 정결 예식의 물은 세상의 죄를 없애지 못했다. 그러나 이제 물만큼 풍성한, 정결 예식의 물만큼 풍성한 포도주가 있다."[19]

가나의 혼인잔치에서는 예수님의 때가 아직 이르지 않았다. 그 풍성한 포도주는 맛보기일 뿐이었다(식전 음료와 같은 것이었다). 앞으로 올 것이 훨씬 더 많다. 가나의 혼인잔치의 이적에서, 우리는 얼핏 그리스도를 통한 하나님 나라의 개시를 본다. 물이 포도주로 변한 사건은 그리스도의 영광을 더 크게 드러낼 일들을 고대하게 한다. 그 이적에서 우리는 흐릿한 거울로 본다. 직접 대면하여 볼 때에는 어떠하겠는가!

 J. C. 라일은 이렇게 설명한다.

> 제자들처럼, 이 이적을 행하신 분을 믿는 자들은 복되다. 언젠가 그리스도께서 친히 신자들의 신랑이 되실 때 가나의 혼인잔치보다 더 큰 잔치가 열릴 것이다. 예수께서 큰 권능으로 친히 다스리실 때 더 큰 영광이 드러날 것이다. 그날에 어린 양의 혼인잔치에 초청받는 자들은 복될 것이다!(계 19:9)[20]

THE WONDER WORKING GOD

3. 떡 부스러기

물을 포도주로 바꿈으로써 예수님은 무엇보다도 자연에 대한 지배력을 보이셨다. 이 같은 지배력은 마태복음 17장 24–27절에서도 여실히 드러난다.

이생에서 불가피한 것 두 가지가 있다고 한다. 하나는 예수님께서 약속하시고(마 10:16–21) 요구하신(마 16:24–25) 죽음이고, 다른 하나는 죽기 전에 납부해야 하는 세금이다.

"가버나움에 이르니 반 세겔 받는 자들이 베드로에게 나아와 이르되 너의 선생은 반 세겔을 내지 아니하느냐 이르되 내신다 하고 집에 들어가니 예수께서 먼저 이르시되 시몬아 네 생각은 어떠하냐 세상 임금들이 누구에게 관세와 국세를 받느냐 자기 아들에게냐 타인에게냐 베드로가 이르되 타인에게니이다 예수께서 이르시되 그렇다면 아들들은 세를 면하리라 그러나 우리가 그들이 실족하지 않게 하기 위하여 네가 바다에 가서 낚시를 던져 먼저 오르는 고기를 가져 입을 열면 돈 한 세겔을 얻을 것이니 가져다가 나와 너를 위하여 주라 하시니라"(마 17:24–27).

본문에는 많은 가르침이 들어 있다. 이 이야기에서 내가 가장 좋아하는 점은 예수님이 집에 들어가시면서 이미 베드로의 생각을 아셨다는 것이다. 여기서 예수님의 전지성이 드러난다. 예수님은 베드로와 더불어 세금에 대해 얘기하길 원하셨다.

"왕의 아들이 세금을 낼까?" 물론 내지 않는다. 본문의 신학적 의미는 다양하게 해석된다.

두 드라크마의 세금은 성전세였고, 성전의 주인은 하나님이시며, 예수님은 하나님의 아들이시다. 따라서 예수님은 성전세를 내실 필요가 없었다.

예수님 자신이 성전의 주인으로 행동하신 경우도 있었다. 그러나 가나의 결혼식에서처럼, 예수님은 자신의 특권을 내려놓고 세금을 내기로 하셨다. 어머니의 요청을 수락하면서도 그 지시에 좌지우지될 수 없음을 분명히 밝히셨듯이, 세금을 내되 자신에게 그럴 의무가 없음을 분명히 하셨다.

이것은 은혜의 일면을 보여준다. 예수님은 우리에게 아무런 빚도 지지 않으셨지만 모든 것을 주신다. 이것이 복음의 메시지다.

예수님은 돈(재물)에 대해 여러 가지를 말씀하셨다. 축재에 관해(마 19:23; 눅 6:24), 그리고 재물 관리에 관해(막 12:17, 43-44; 눅 14:13) 언급하셨다. 그분이 두 드라크마를 마련하기 위해 베드로를 바다로 보내신 것이 의미심장하다. 물고기 입에서 동전을 얻게 하신 것은 예수님 자신을 부의 제공자로 보이고 싶지 않음을 나타내시기 위함일 수 있다.

수많은 번영설교자들의 메시지와 반대로, 예수님은 우리의 현금입출금기가 아니시다. 그분은 마치 "만일 너희가 원하는 것이 돈이라면, 내게서 받을 생각을 말라"고 말씀하시는 것 같다.

하지만 정해진 시간에 특정한 물고기 입에서 특정한 동전을 얻게 하신 분은 예수님이다. 참으로 놀라운 능력이다. 이 사건에 대해 성 제롬은 "여기서 가장 감탄할 만한 것이 우리 주님의 예지인지, 아니면 그분의 위대하심인지 모르겠다"고 말했다.[21]

예수님은 동전과 물고기 입의 주인이시다. 부활 후에도 물고기를 제공하셨다. 예수님의 지시에 따라 제자들이 그물을 내리자 배로 끌어올리기 힘들 정도로 많은 물고기가 잡혔다(요 21:4-6). 이것은 그리스도의 익살스러우신 측면을 보여준다. 아마 주님은 태연하게 그런 지시를 내리셨을 것이다. 그리고 물고기를 끌어올린 후 "주님이시라"(7절)는 제자들의 외침을 듣고 싱긋 웃으셨을 것이다. 공급은 예수님이 즐겨하신 일들 중 하나다. 음식 공급은 특히 그러했다.

가장 이적적인 공급 사례가 요한복음 6장에 나온다. 예수께서 한 소년의 점심 도시락인 오병이어로 5천 명을 먹이신 이야기다. 참으로 아름다운 기사다.

어떤 사람들은 예수께서 군중을 모으고 그들에게 다가가기 위해 그런 이적을 행하셨다고 해석한다. 가나의 혼인잔치의 이적을 두고 "예수님이 파티를 좋아하셨다"고 결론 내리는 이들이 있듯, 오병이어 기적에 대해서도 유사한 관점으로 보는 이들이 있다.

하지만 그것은 너무 근시안적인 시각이다. 요한복음 6장에 의하면, 예수님은 모인 무리를 도리어 혼란스럽게 할 만한 말씀을 하셨다. 그분은 사람들의 관심을 끌기 위해 그들의 요구를 들어주면 그들의 관심이 계속 거기로 향한다는 사실을 알고 계셨다.

"내가 곧 생명의 떡이니라 너희 조상들은 광야에서 만나를 먹었어도 죽었거니와 이는 하늘에서 내려오는 떡이니 사람으로 하여금 먹고 죽지 아니하게 하는 것이니라 나는 하늘에서 내려온 살아 있는 떡이니 사람이 이 떡을 먹으면 영생하리라 내가 줄 떡은 곧 세상의 생명을 위한 내 살이니라 하시니라 그러므로 유대인들이 서로 다투어 이르되 이 사람이 어찌 능히 자기 살을 우리에게 주어 먹게 하겠느냐 예수께서 이르시되 내가 진실로 진실로 너희에게 이르노니 인자의 살을 먹지 아니하고 인자의 피를 마시지 아니하면 너희 속에 생명이 없느니라 내 살을 먹고 내 피를 마시는 자는 영생을 가졌고 마지막 날에 내가 그를 다시 살리리니 내 살은 참된 양식이요 내 피는 참된 음료로다"(요 6:48-55).

요한복음 6장에서의 음식 공급과 마태복음 17장에 나오는 성전세 공급에는 분명한 차이가 있다. 전자에서 예수님은 물고기와 떡을 자신의 손으로 많아지게 하셨다. 후자에서는 먼 곳으로부터 동전이 마련되었다. 두 이적 모두 신성한 능력을 보여준다는 사실 외에도 의미심장한 유사점을 드러낸다.

마태복음 17장에서 베드로는 필요한 것을 얻기 위해 예수님의 지시를 따라야 했다. 요한복음 6장에서도 마찬가지다. 예수님은 제자들에게 이적에 눈을 고정시키지 말고 이적을 행한 자신에게 주목할 것을 당부하셨다. 즉 이적으로 많아진 떡 부스러기에서 생명의 떡으로 제자들의 관심을 돌리려 하셨다.

사천 명을 먹이신 이적

마가복음 8장에는 예수님의 또 다른 이적적인 공급 사례가 나온다. 마가복음에 수록된 사천 명을 먹이신 이야기는 오천 명을 먹이신 요한복음의 이야기보다(마가복음 6장 30-44절에도 기록되어 있다) 덜 복잡하다.

요한복음 6장이 이적을 본 증인들에 대한 경고를 강조하는 반면, 마가복음 8장의 경고는 보다 직접적이며 개인적이다. 그 이야기는 이렇게 시작된다.

"그 무렵에 또 큰 무리가 있어 먹을 것이 없는지라 예수께서 제자들을 불러 이르시되 내가 무리를 불쌍히 여기노라 그들이 나와 함께 있은 지 이미 사흘이 지났으나 먹을 것이 없도다 만일 내가 그들을 굶겨 집으로 보내면 길에서 기진하리라 그중에는 멀리서 온 사람들도 있느니라 제자들이 대답하되 이 광야 어디서 떡을 얻어 이 사람들로 배부르게 할 수 있으리이까 예수께서 물으시되 너희에게 떡 몇 개나 있느냐 이르되 일곱이로소이다 하거늘 예수께서 무리를 명하여 땅에 앉게 하시고 떡 일곱 개를 가지사 축사하시고 떼어 제자들에게 주어 나누어 주게 하시니 제자들이 무리에게 나누어 주더라 또 작은 생선 두어 마리가 있는지라 이에 축복하시고 명하사 이것도 나누어 주게 하시니 배불리 먹고 남은 조각 일곱 광주리를 거두었으며"(막 8:1-8).

여기서 우리는 무리를 향한 예수님의 크신 긍휼을 볼 수 있다. 아울러 그 상황에 대해 염려하시는 모습도 엿볼 수 있다. 예수께서 그 무리를 어떻게 먹이실지를 염려하신 걸까?

우리 주님은 그 결핍 상황을 가르칠 기회로 삼으셨다. 그분은 제자들이 그분의 시각으로 보기 원하셨다. "내가 보는 것을 보고 내가 아는 것을 알라"는 것이 행간의 의미였다. 주님은 오늘날의 교회 역시 세상의 절박한 결핍 상황을 그런 식으로 보기 원하신다. 즉 모든 교회가 그분의 시각으로 보기를 원하신다.

여느 때처럼 제자들은 주님과 함께 있으면서도 염려를 내려놓지 못하고 "이 광야 어디서 떡을 얻어 이 사람들로 배부르게 할 수 있으리이까" 여쭈었다(막 8:4).

그들은 이전에 예수님께서 오천 명을 먹이신 사실을 기억했을까? 기억하지 못한 것이 분명하다. 마가복음에는 불과 두 장 앞에 그 일이 기록되어 있다. 그때는 더 많은 인원을(오천 명) 더 적은 떡으로(다섯 개) 먹이셨다. 이번에는 그때보다 인원수가 더 적고 떡은 더 많은데도 제자들은 여전히 불안해했다.

우리와 마찬가지로 제자들은 어리석었고 얼마 전의 일을 쉽게 잊어버렸다.

또 다시 예수님은 적은 양의 물고기와 떡을 가지고 축사하신 후 사천 명의 허기진 배를 풍족히 채워주셨다(8절). 이번에도 사람들은 큰 만족을 얻었다. 하지만 예수님을 그다지 신뢰하지 못했다.

오천 명을 먹이실 때처럼 예수님은 그들의 배를 채우고도 여러 광주리가 남게 하셨다. 넘치도록 풍성하게 음식을 공급하셨다.

이와 같이 그리스도 안에서 우리가 얻는 만족은 영원하고 풍성하며 강력하다. 또한 예수님의 이적이 이적 자체로 끝나지 않고 그분에게 초점을 맞추게 하기 때문에 우리는 영원하고 풍성하며 강력한 구원을 얻게 될 것을 믿는다.

복음을 통해 우리는 여분의 일곱 광주리로 만족하게 된다. 중생, 용서, 칭의, 양자 됨, 주님과의 연합, 성화, 영화가 그것이다. 그분의 자비는 이스라엘 자손에게 제공된 하늘의 떡처럼 아침마다 새롭다.

예수께서 사천 명을 돌려보내셨지만(9절) 충분히 배불리신 후에 그렇게 하셨다. 우리에게도 언제나 그렇게 하신다. 마가복음 8장에서 그분은 피조세계를 압도하는 신적 권위를 다시금 보여주심으로써 새 창조 안에서 영원한 생명을 공급함을 입증하신다.

불평의 여정

출애굽기 16장에 의하면 하나님이 초자연적인 일들, 즉 구름기둥과 불기둥, 홍해가 갈라지는 이적 등을 통해 이스라엘 자손을 애굽의 속박으로부터 구원하시고, 또 쓴 물을 단물로 변하게 하신 이적을 베푸신 지 불과 45일 후에 이스라엘 자손들이 음식 타령을 하며 불평했다.

"우리가 애굽 땅에서 고기 가마 곁에 앉아 있던 때와 떡을 배불리 먹던 때에 여호와의 손에 죽었더라면 좋았을 것을 너희가 이 광야로 우리를 인도해내어 이 온 회중이 주려 죽게 하는도다"(출 16:3).

그들은 틈만 나면 투덜거렸다. 우리도 마찬가지다. 성경에서 그들의 그릇된 모습을 보면서도 같은 과오를 범한다. 하지만 주님은 이렇게 말씀하신다. "보라 내가 너희를 위하여 하늘에서 양식을 비같이 내리리니"(출 16:4).

이 은혜로운 공급의 약속은 약간의 제약조건과 함께 주어졌다. 그러나 이스라엘은 이 조건을 제대로 지키지 않았다. 출애굽기 17장에서 그들은 다시 하나님께 불평하지만 하나님은 그들의 불평을 은혜롭게 들어주시고 모세로 하여금 반석을 쳐서 물을 내게 하셨다. 만일 이스라엘 자손의 모습을 근거로 출애굽기의 제목을 새롭게 짓는다면 '불평의 여정'이 될 것이다.

사실 그 여정은 우리의 것이기도 하다. 우리는 신약성경을 읽으면서 종종 바리새인이나 제자들을 비웃곤 한다. 하지만 우리는 지성적인 면에서나 기억 면에서 그들보다 낫지 못하다.

우리의 육신적인 자아는 걸핏하면 '최근에' 주님께 받은 게 없다는 식의 불평을 토로한다. 마가복음 8장은 다음과 같이 계속된다.

"곧 제자들과 함께 배에 오르사 달마누다 지방으로 가시니라 바리새인들이 나와서 예수를 힐난하며 그를 시험하여 하늘로부터 오는 표적을 구하거늘" (10–11절).

이 요청이 흥미로운 것은, 바리새인들이 예수님의 표적을 원하고 예수께서도 바로 직전에 표적을 행하셨다는 점이다. 예수님이 수많은 사람을 먹이는 이적을 반복하셨다는 사실은 그 이적이 어쩌다 들어맞은 요행이 아님을 입증해준다. 그분의 여러 치유 이적들도 마찬가지다. 그분은 (아들로서 아버지께 복종하고 성령께 의존하시지만) 단순히 어떤 능력의 도구가 아니라 능력 그 자체시다.

그러나 요청과 시험에는 차이가 있다. 부탁과 요구에도 차이가 있다. 바리새인늘은 예수님을 '힐난하러' 왔다. 표석의 목적을 깨닫지 못하면 언제나 더 많은 표적을 보는 데만 관심이 집중되기 마련이다. 예수님의 이적은 그 자체가 목적이 아니라 자기계시의 방편일 뿐이었다.

"예수께서 마음속으로 깊이 탄식하시며 이르시되 어찌하여 이 세대가 표적을 구하느냐 내가 진실로 너희에게 이르노니 이 세대에 표적을 주지 아니하리라 하시고"(12절).

이것은 낙심의 탄식이고 깊은 탄식이다. 예수님은 유대인들에게 유대인으로, 이스라엘 자손에게 다윗의 후손으로, 또한 이스라엘 자손에게 그들의 메시아로 오셨지만 정작 그분이 누구신지를 알아야 하는 자들이(이스라엘의 종교적 목자들, 모세오경의 학자들, 각종 제의식의 집행자들) 그분을 몰랐다. 전문가들이 전문적인 실책을 범했다. 마태복음에도 이와 비슷한 기사가 나온다.

"그때에 서기관과 바리새인 중 몇 사람이 말하되 선생님이여 우리에게 표적 보여주시기를 원하나이다 예수께서 대답하여 이르시되 악하고 음란한 세대가 표적을 구하나 선지자 요나의 표적밖에는 보일 표적이 없느니라 요나가 밤낮 사흘 동안 큰 물고기 뱃속에 있었던 것같이 인자도 밤낮 사흘 동안 땅속에 있으리라"(마 12:38-40).

예수께서 자신에게 요나의 표적을 적용하신 것은, 사람들이 그분의 죽음과 부활을 믿지 못하면 그 모든 이적을 통해 아무런 유익도 얻지 못한다는 사실을 분명하게 주지시키시기 위함이었다.

예수님은 그 점을 노골적으로 말씀하셨다. 표적을 구하는 자는 구원을 놓친다. 그 어떤 표적도 예수님보다 우리 마음속에 더 단단히 자리 잡을 수 없다. 그 어떤 표적도 우리의 무딘 심령을 예수님보다 더 강력하게 일깨우지 못할 것이다.

이러한 사실을 부자와 나사로의 비유에서 볼 수 있다(눅 16:19-31). 음부의 고통 속에서 부자는 아브라함의 품에 있는 나사로를 자신의 가족에게 보내어 증언하게 해줄 것을 간청한다. 그러나 아브라함은 그들이 모세와 선지자를 믿지 않으면 이적을 보아도 소용이 없을 거라고 말한다.

언뜻 납득이 되지 않는 말 같다. 유대인이라면 누구나 모세와 선지자를 믿을 것이기 때문이다. 새 언약에 비추어볼 때, 이 말의 요점은 모세와 선지자를 진정으로 믿는 자라면 그리스도를 믿기 마련이라는 뜻이다. 즉 율법과 선지자는 예수님을 증언한다(막 9:4-8; 눅 24:27).

세상 사람들은 언제나 표적을 구한다. 그들은 "보는 것이 믿는 것"이라고 말한다. 하지만 그들이 정말 원하는 건 이적 '마약'이다. 즉 그들의 수치심을 마비시키고 꿈을 실현시키며 삶의 의미와 목적을 큰 기쁨과 함께 가져다줄 것이라 기대하는 마약이다.

교회는 잃어버린 자들을 찾아서 구하는 사명을 위해 존재하며, 세 가지 선택 사항을 제시한다. 종교성이나 세속성, 예수님 중 하나를 택하라는 것이다. 그중 사람들을 실제로 구원하는 것은 하나뿐이다.

그들을 어떤 시각으로 볼 것인가, 즉 그리스도의 크신 긍휼로 볼 것인가, 육신적인 경멸의 시각으로 볼 것인가에 따라, 그리고 그들에게 무엇이 필요하다고 생각하는지에 따라 그들에게 제시하는 내용 또한 달라진다.

떡과 물을 제공할 것인가? 물론 그래야 한다. 하지만 사람은 떡으로만 살 수 없다(마 4:4). 요한복음 6장과 마가복음 8장 1-21절의 요점이 바로 이것이다.

우리에게 매일 생명의 떡과 같은 이적을 베푸시는 예수님은 우리의 교만한 의심과 투덜거림의 대상일 수 없다. 그분은 "너희에게 필요한 건 표적이 아니라 나다."라고 말씀하신다. 따라서 이적을 요구하는 것은 떡 부스러기를 허겁지겁 찾는 것이다.

성 어거스틴은 "당신은 상급을 요청하지만 그것을 주시는 분 자신이 선물이다. 더 많은 것을 원할 수 있겠는가?"라고 반문했다.[22]

우둔한 자를 위한 은혜

내 친구 레이 오틀런드는 테네시주 내슈빌에 위치한 '임마누엘 교회'에서 사역한다. 그 교회의 교인들은 소위 '임마누엘 만트라'를 자주 외치는데 그 내용은 다음의 세 가지 부분으로 구성되어 있다.

나는 완전히 바보다.
나의 미래는 믿을 수 없을 정도로 밝다.
누구나 거기 도달할 수 있다.[23]

예수 그리스도의 복음의 아름다운 측면 중 하나는, 그것을 얻는 것이 우리의 능력이나 조건에 달려 있지 않다는 점이다. 오히려 복음의 능력은 우리의 전적무능을 전제로 한다(고전 2:14).

같은 이유로 세상의 지혜는 어리석은 것이 된다(고전 1:20). 선지자는

"지혜롭다 하는 자들은 부끄러움을 당하며 두려워 떨다가 잡히리라 보라 그들이 여호와의 말을 버렸으니 그들에게 무슨 지혜가 있으랴"고 했다(렘 8:9). 이와 같이 구원은 처음부터 끝까지 모두 은혜다. 우둔한 우리에게 이것은 복음이다.

"그들을 떠나 다시 배에 올라 건너편으로 가시니라 제자들이 떡 가져오기를 잊었으매 배에 떡 한 개밖에 그들에게 없더라 예수께서 경고하여 이르시되 삼가 바리새인들의 누룩과 헤롯의 누룩을 주의하라 하시니"(막 8:13-15).

예수님은 바리새인들과의 불편한 만남을 제자들을 가르치는 기회로 삼으셨다. 세상은 두 종류의 지혜를 제공하며, 이는 각각 본질적으로 교만이라는 죄의 뿌리에서 비롯된다. 이 부분과 평행구절인 마태복음 16장 12절에 의하면, 바리새인들의 누룩은 겉으로는 의로운 척하나 속으로는 부패했던 그들의 가르침이다. 그리고 헤롯의 누룩은 세속성이다.

영적 무지 상태에서 우리는 종종 이 둘 중 하나에 대한 해결책이 다른 하나라고 생각한다. 장난삼아 종교생활을 하는 자들에게 중요한 건 세상적인 즐거움이다. 그들은 느슨한 태도로 세상과 타협하고, 복음이 결여된 교회에서는 외적인 '행동'을 강조한다.

하지만 이것은 나름대로 호소력을 발휘할지 몰라도 근본적으로는 예수님을 거부하는 것이다. 그 둘에 대한 답은 예수님뿐이다.

바리새인의 누룩(형식적인 종교성)과 헤롯의 누룩(세속성)이 예수님을 중심으로 하지 않고, 예수님 안에 모든 만족과 영광이 있기 때문에 두 가지 모두 매우 우둔하다.

따라서 예수님의 메시지는 다음과 같다. "깨어 있으라! 주의하라. 이런 시각들을 조심하라. 그들에게 1인치만 허용해도 그들은 1마일을 취할 것이다. 작은 누룩이 전체에 침투하듯이, 율법주의나 방종이 너희의 신앙을 부패시킬 수 있다."

여기서 예수님은 영적인 문제에 대해 말씀하셨다. 그러나 제자들의 반응은 이러했다. "제자들이 서로 수군거리기를 이는 우리에게 떡이 없음이로다 하거늘"(막 8:16).

그들은 완전히 바보였다. 예수님은 두 가지 누룩에 대해 비판적인 시각을 갖도록 그들에게 권하셨지만, 그들은 떡이 없음을 염려했다.

예수께서 오천 명을 이적적으로 먹이신 며칠 후, 그들은 사천 명에게 음식을 제공하는 문제로 난감해했다.

그리고 예수님이 그 사천 명을 먹이신 지 불과 몇 시간 후, 남은 떡을 챙기지 못한 사실에만 신경을 썼다.

"예수께서 아시고 이르시되 너희가 어찌 떡이 없음으로 수군거리느냐 아직도 알지 못하며 깨닫지 못하느냐 너희 마음이 둔하냐 너희가 눈이 있어도 보지 못하며 귀가 있어도 듣지 못하느냐 또 기억하지 못하느냐 내가 떡 다섯 개를 오천 명에게 떼어 줄 때에 조각 몇 바구니를 거두었느냐 이르되 열둘이니이다 또 일곱 개를 사천 명에게 떼어 줄 때에 조각 몇 광주리를 거두었더냐 이르되 일곱이니이다 이르시되 아직도 깨닫지 못하느냐 하시니라"(17-21절).

우둔한 자들이여, 생명을 주시는 분이 우리 곁에 계신다!

사실 우리의 모습도 그들과 다르지 않다. 우리는 하나님께서 매일 이적적으로 우리를 공급하심을 잊고 있다. 이제 막 애굽에서 나온 이스라엘 백성처럼, 우리를 영원히 해방시키고 그의 의로 옷 입히며 신성한 불멸성을 허락하신 그리스도의 영광을 증언하는 자로 세움받은 우리는 걸핏하면 "주께서 우리를 이곳으로 인도해내어 주려 죽게 하십니까?"라며 원망한다.

이 우둔함의 DNA는 에덴동산에서 시작되었고 타락 때 인생의 본성에 새겨졌다. 아담과 하와가 선악과를 보고 뱀의 말에 귀 기울였다. 그리고 결국 하나님의 약속을 의심하여 불신에 빠졌다.

그리스도는 죄로 향하는 성향을 제거하시기 위해 우리를 황량한 곳으로 이끄신다. 우둔함의 DNA는 에덴동산에서 비롯된 반면, 유전학적 지혜 재충전은 광야에서 비롯된다.

마태복음 4장 1-11절에서 예수님은 마귀의 시험을 받으시기 위해 광야로 이끌리신다.

첫 시험은 우리가 늘 갈구하는 떡의 시험이다. 예수님은 시장하셨지만, 그분의 눈길은 표적에 있지 않고 표적의 목적에 있었다.

두 번째로, 마귀는 주님께 성전에서 뛰어내려 천사의 품에 안길 것을 권한다. 이것은 바리새인의 누룩인 종교적 사리사욕을 취하라는 유혹이다. 예수님은 이 유혹도 거부하신다. 그러자 마귀는 온 세상을 예수님께 제시했다. 헤롯의 누룩이다.

아담과 하와는 이 유혹에 넘어가고 말았지만 그리스도는 극복하셨다. 그분은 세상의 지혜를 사용하지 않으신다. 만일 세상의 지혜를 사용했다면 그분은 실컷 배불리 먹고, 성전에서 과감히 뛰어내리며, 탐욕적인 이득을 추구하셨을 것이다.

그러나 지혜의 전형이신 예수님은 믿음으로 행하며 악한 자를 수치스럽게 만드셨다. 이 모든 일을 그분은 우둔한 친구들을 구하기 위해 행하셨다.

바울이 고린도전서 15장에서 "형제들아 내가 너희에게 전한 복음을 너희에게 알게 하노니"(1절)라는 문구로 위대한 복음 선언을 시작하는 것도 같은 이유다.

예수님은 일부러 바보 같은 자들을 언급하신다. 남은 떡을 챙기지 못한 일로 안절부절못했던 자들의 미래는 그들의 부족함에도 불구하고 밝았다.

이와 같이 예수께서 미련한 자를 깨우치며 약한 자를 강하게 하시기 때문에 누구나 그분께 나아갈 수 있다.

당신이 생명의 떡이신 예수님을 바라보고 그분께 배고픔을 채워달라고 부탁한다면 그분은 당신에게 돌을 주시지 않을 것이다. 그분 자신을 주실 것이다. 그러므로 표적을 간청하지 말고 예수님을 바라보자.

우리가 생각하는 것 이상으로 사랑받고 있다는 것을 보여주는 위대한 표적이 있다. 바로 십자가다. 또 우리가 이 사랑 안에서 영원히 살 것임을 나타내는 또 다른 표적이 있다. 그것은 빈 무덤이다.

주리고 목마른 자들이여, 풍성한 포도주와 떡이신 예수 그리스도께 나아가자.

THE WONDER WORKING GOD

4. 만유의 주관자

언젠가 하나님이 자신에게 너무 혹독하시다고 불평하는 내용의 이메일을 받은 적이 있다. 그는 자신이 주인을 존경하기보다는 가죽 끈에 매인 채 주인의 채찍을 두려워하는 개가 된 느낌이라고 했다. 그리고 하나님이 그를 다루시듯 자신의 아들을 다루진 않을 거라며 하나님께 불만을 토로했다고도 했다.

당신도 그렇게 느낀 적이 있는가? 마치 하나님이 하늘에서 꼭두각시를 조종하듯 아무런 이유 없이 당신이 지옥을 경험하게 하신다고 느끼는가?

1998년에 개봉된 영화 '트루먼 쇼'는 트루먼 버뱅크에 관한 이야기다. 그는 시헤븐이라는 쾌적한 섬마을에서 쾌활한 아내와 함께 살아가는 온화한 성품의 보험 사정인이었다.

트루먼의 삶 전체는 '기이함'이라는 말로 묘사될 수 있다. 그는 흠 잡을 데 없이 완벽한 지역사회에서 필요한 모든 것을 편리하게 얻을 수 있다. 하지만 트루먼의 내면에 탈출하려는 갈망이 일어난다. 그는 세상 곳곳에 대한 탐험을 꿈꾼다. 그런데 한 가지 문제가 있다. 물 공포증 때문에 평생 동안 시헤븐 섬을 떠나지 못했다. 그는 배를 타지 못하며 심지어 다리도 건너지 못한다. 그럼에도 불구하고 그의 탐험 욕구는 조금도 줄어들지 않는다.

어느 날 트루먼이 일하러 가던 중, 이상한 금속물체가 그의 바로 곁에 떨어져 부서진다. 라디오 방송은 지나가던 비행기가 떨어뜨린 것이라고 설명하지만 사실 그것은 조명기구였다.

이후 트루먼은 더욱 이상한 현상들과 마주친다. 자신의 모든 움직임을 묘사하는 어느 라디오 방송을 듣게 되었다. 도심 어느 건물의 엘리베이터 통로에는 엘리베이터 대신 극장의 무대 뒤편 같은 공간이 있었다. 또 먼 거리를 운전하던 중, 그는 같은 차량과 보행자들이 알 수 없는 특정 패턴에 따라 같은 장소를 오가는 것을 발견한다. 이 모든 것이 무엇을 의미할까?

마침내 트루먼은 자신의 삶 전체가 거짓이라는 것을 알게 된다. 태어날 때부터 그는 TV 프로그램의 주인공이었다. 그의 생애는 최장기간 동안 24시간 방영되는 리얼리티 쇼였고, 부모와 아내, 그리고 시혜븐 시민들을 포함하여 그의 생애에서 만나는 모든 사람은 연기자였다. 또한 섬 자체가 알아차릴 수 없는 거대한 돔으로 덮인 복잡하고 방대한 촬영 세트였다.

모든 것을 충분히 알게 된 트루먼은 자신의 사생활이 완전히 노출되는 스타가 되고 싶지 않았다. 그래서 그 쇼를 벗어나 자신을 찾을 계획을 꾸미고, 심각한 물 공포증에도 불구하고 돛배에 올라 용감하게 바다로 나아간다. 그렇게 그의 배는 항해를 계속하지만 그 바다마저 세트의 일부로 크리스토퍼에 의해 조종된다.

크리스토퍼는 그 쇼 배후에 있는 천재적인 감독이자 프로듀서이며,

시헤븐에 있는 부스에서 세트장 내의 바람과 비와 바다를 컨트롤하면서 위험한 폭풍을 일으켰다. 그것이 시청자들에게는 손에 땀을 쥐게 하는 흥미진진한 장면이지만, 트루먼에게는 실제적인 위험이다. 세계의 수백만 시청자들이 그의 출생을 보았고, 이제 그의 죽음을 실제로 볼 수도 있다.

트루먼은 항해를 계속하며 작은 배 위에서 마치 봉제인형처럼 이리저리 내던져지다가 의식을 잃고 쓰러진다. 하지만 마침내 뱃머리가 세트의 끄트머리인 벽에 부딪히면서 트루먼은 꼭두각시 조종자에게 작별을 고한다.

그것은 매우 인상적인 장면이다. 이 영화를 본 사람은 영적 차원에서 공감을 느낄 것이다.

트루먼처럼 TV 쇼의 스타가 되는 사람은 극소수지만, 많은 사람이 트루먼 쇼의 이야기가 하나님과 자신의 관계와 유사하다고 생각한다. 그들은 이렇게 생각한다. '하나님이 계시다면 그분의 설명을 듣고 싶다. 내가 마치 그의 노리개가 되기 위해 존재하는 것 같은 느낌이다. 할 수만 있다면 고통스런 이 세상을 벗어나고 싶다.'

트루먼 쇼의 크리스토퍼 감독을 보면서 성경의 하나님을 연상하기도 한다.

그러나 하나님은 단지 하늘에서 우리의 요란한 여정을 버튼으로 조종하고 계시는 것이 아니라 우리가 탄 배에 함께 계신다.

키를 잡고 주무심

마가복음 4장에서 예수님과 함께 배에 오른 제자들은 믿음을 강화시키기에 충분할 정도로 이미 많이 보고 들은 상태였다. 마가의 기록에 의하면 그들은 수많은 치유와 귀신 축사를 보았고 강력한 권세로 전하시는 말씀을 들었다. 특히 오래도록 설교하신 그날, 예수님은 갈릴리바다 건너편으로 가서 휴식을 취할 생각으로 배에 오르신 뒤 잠이 드셨다. 이어지는 이야기는 흔히 "풍랑을 잔잔케 하신 예수님"이라 불린다. 그러나 윌리엄 헨드릭슨은 이 기사에 관한 주해 제목을 "잔잔해진 폭풍우"로 잡았다.[24] 이 기사는 공관복음서 세 곳에 기록되었지만, 그중 가장 짧은 마가복음에 가장 상세히 묘사되어 있다.

"그날 저물 때에 제자들에게 이르시되 우리가 저편으로 건너가자 하시니 그들이 무리를 떠나 예수를 배에 계신 그대로 모시고 가매 다른 배들도 함께하더니 큰 광풍이 일어나며 물결이 배에 부딪쳐 들어와 배에 가득하게 되었더라 예수께서는 고물에서 베개를 베고 주무시더니 제자들이 깨우며 이르되 선생님이여 우리가 죽게 된 것을 돌보지 아니하시나이까 하니 예수께서 깨어 바람을 꾸짖으시며 바다더러 이르시되 잠잠하라 고요하라 하시니 바람이 그치고 아주 잔잔하여지더라 이에 제자들에게 이르시되 어찌하여 이렇게 무서워하느냐 너희가 어찌 믿음이 없느냐 하시니 그들이 심히 두려워하여 서로 말하되 그가 누구이기에 바람과 바다도 순종하는가 하였더라"(막 4:35-41).

여기서 우리는 성육신의 증거를 본다. 이 짧은 본문 안에서 예수님은 인간의 연약함으로 주무심은 물론 신적 권위로 말씀하신다. 전자에 대해서는 우리가 쉽게 이해할 수 있다. 우리는 피로를 안다. 긴 시간 동안 설교해본 목회자들은 예수님의 피곤하신 상태를 더욱 공감할 것이다.

친구들의 목회사역을 보면 정말 분주하다는 생각이 든다. 주말에 여러 차례의 예배를 혼신의 힘을 다해 인도하면서, 그 와중에 짬을 내어 교인들을 만나 상담한다.

나는 주말에 한 번 설교하는데 그 임무를 정성껏 감당하고 나면 기진맥진해진다. 30-40분이나 한 시간 동안 사람들 앞에 서서 소리를 지르는 것이 별일 아닌 것처럼 보일 수 있지만, 하나님의 말씀을 신실하게 전하며 그 내용을 회중에게 잘 이해시키려는(느 8:8) 설교자는 '심적 중압감'을 느끼기 마련이다.

언젠가 중간에 짧은 쉬는 시간이 있고 네댓 시간씩 진행되는 몇몇 회의에서 설교한 적이 있다. 그렇게 설교를 끝낼 시간이 될 때쯤이면 나는 내 이름도 기억하지 못할 정도로 지친다. 그러나 나는 더 긴 설교를 정규적으로 하는 사람들을 알고 있다. 그저 감탄할 따름이다.

예수님에 비하면 우리 모두는 참으로 유약한 설교자에 지나지 않는다. 그분은 휴게실이나 시원한 냉수도 없는 무더운 야외에서 긴 시간 동안 설교하셨고, 바로 이어서 어려움에 처한 자들을 일일이 보살피시는 경우도 있었다.

그들을 치료하거나 회복시키는 것도 많은 기력을 요하는 일이었는데

(눅 8:46), 이 모든 일을 마친 후에는 하루 동안의 일들에 대해 제자들에게 재차 설명하며 가르치시는 고된 과정으로 이어지는 경우가 흔했다. 밤 동안 편안히 쉬실 잠자리도 없었다(마 8:20). 더욱이 그분은 종종 혼자 기도하러 가셨다(눅 5:16). 한숨을 돌리기 위해서나 소위 '재충전하기' 위해서였을 것이다.

따라서 이러저러한 사역으로 녹초가 된 예수님께 낮잠이 필요했다는 건 너무나 자연스러운 사실이다.

> "큰 광풍이 일어나며 물결이 배에 부딪쳐 들어와 배에 가득하게 되었더라 예수께서는 고물에서 베개를 베고 주무시더니"(막 4:37-38).

주무시다니! 어떻게 그러실 수 있었을까?

예수께서 폭풍이 이는 동안 주무실 수 있었던 것은 너무나 피곤하셨기 때문이기도 하지만 모든 상황을 능히 조절하실 수 있기 때문이기도 하다. 그분은 뱃고물에 눈을 감고 누우셨지만 키를 단단히 잡고 계셨다. 성육신하신 우리 주님의 몸이 상할 수도 있었지만, 그분 스스로 허락하실 경우에만 그랬다(눅 4:29-30; 요 10:17-18).

사실, 사복음서의 어디를 보아도 예수 그리스도의 통제력이 없어졌음을 시사하는 구절은 보이지 않는다. 심지어 그분이 체포당하여 고문과 십자가 처형을 당하시는 장면에서도 마찬가지다.

예수님께 일어난 모든 일은 그분의 자발적 의지에 따른 것이다. 그분은 아버지의 뜻에 스스로 복종하여 세상의 정죄자가 아닌 종으로 이 땅에 오셨다. 뿐만 아니라 아버지와 동등함을 주장하지 않고 자신을 비우셨다. 십자가의 길을 마다하지 않고 묵묵히 나아가셨다. 그럼에도 그분이 컨트롤할 수 없는 상황에 처하신 적은 한 순간도 없었다. 주무시는 동안에도 마찬가지였다.

우리를 돌보지 아니하시나이까?

마가의 기록은 계속 이어진다. "제자들이 깨우며 이르되 선생님이여 우리가 죽게 된 것을 돌보지 아니하시나이까 하니"(막 4:38). 여기서 우리는 제자들을 비웃기 쉽다. 그러나 본문의 상황은 심각하다. 거센 파도로 배에 물이 가득 차고 있다. 만일 우리가 그 배 안에 있다면 예수님이 함께 계실지라도 십중팔구 공포에 질렸을 것이다. 이런 상황에서 두려움에 사로잡히는 건 본능이다. "우리가 죽게 되었나이다."라는 외침은 너무도 자연스러워 보인다.

그런데 이 와중에 예수님은 주무신다. 나도 제자들처럼 그 모습이 이해되지 않는다. 천둥소리와 미친 듯이 날뛰는 제자들의 부르짖음은 차치하고라도 얼마나 피곤하시기에 차오르는 물이 마구 튀는 뱃고물에서 주무실 수 있을까? 제자들의 말 속에는 공포심과 함께 약간의 원망도 담겨 있는 것 같다. "우리가 죽게 된 것을 돌보지 아니하시나이까?"

마치 우리의 기도 내용 같지 않은가? 요즘의 신학과 유사하지 않은가? 이를테면 '하나님이 나를 돌보시지 않기 때문에 이런 일이 생긴다'는 식 말이다. 이러한 제자들의 부르짖음은 인생의 공통적인 마음을 반영한다. 그것은 심한 곤경에 직면했을 때 우리가 빠지기 쉬운 두 가지 유혹을 보여준다.

첫째, 곤경에 처할 때 우리는 종종 염려를 관심과 동일시하려는 유혹을 받는다. 주무시는 예수님을 보고 제자들이 성급하게 결론 내렸듯이 다른 사람들이 우리의 근심을 함께 나누기 거부할 때 우리는 낙심하는 경향이 있다.

대화 단절 위기에 놓인 몇몇 부부와 상담한 적이 있는데, 대체로 그 대화 단절은 자신의 신경과민에 장단을 맞추지 않는 남편을 무관심한 것으로 여긴 아내의 오해에서 비롯되었다. 때로는 남녀의 차이를 이해시켜서 남편으로 하여금 자신의 생각과 감정을 아내에게 더 자주 표현하게 하는 것이 분위기 개선에 도움을 준다. 그러나 본질적인 문제는 이런 논리에서 비롯된다. '이건 너무나 큰 문제야. 내가 흥분하는 것도 그 때문이지. 당신은 흥분하지 않는 걸 보니 이걸 그리 큰 문제로 여기지 않는 게 분명해.'

때로 우리는 다른 사람의 염려를 나누지 않고 관심사만을 나눈다. 그건 좋은 일이며 기독교적이다. 염려는 그리스도인의 금지 사항이다(마 6:25; 빌 4:6). 염려로 나아지는 건 아무것도 없다.

마가복음 4장에서처럼 예수님은 우리의 딱한 상황에서 함께해주실 뿐 함께 염려하진 않으신다. 그분은 우리 곁에 앉아 우리의 곤경을 사랑으로 돌아보신다. 우리가 만일 염려에서 벗어나려 하지 않는다면 그 염려를 함께 나누지 않으실 것이다.

성경에서 "두려워 말라"는 명령이 자주 반복되는 데에는 이유가 있다. 우리가 곤경에 처할 때 마주치는 두 번째 유혹은 보다 신학적이다. 우리는 자애로운 하나님이 우리에게 고난을 허용하지 않으실 거라고 생각하는 경향이 있다. 그러나 이보다 더 위험하고 간교하며 비기독교적인 생각도 없을 것이다. "내가 죽어가고 있는데 주께서 돌아보지 않으신다"는 푸념은 "만일 하나님이 계시다면 나는 그와 동행하고 싶지 않다. 그는 잔인하시다."라고 단언하는 것과 같다.

기독교가 고난을 배제한다는 개념이 어디서 비롯되었는지 정확히 알지 못한다. 아마도 대부분 우리의 육신으로부터, 안락을 우상화하는 데서 비롯되었을 것이다. 어쩌면 형편없는 교리에서 비롯된 것인지도 모르겠다. 어쨌든 결코 성경에서 나온 것은 아니다.

반석 위의 집에 관한 이야기에서(마 7:24-27) 기초가 견고하다고 폭풍우가 비껴가는 건 아니다. 사실 성경에 의하면, 그리스도인이 되는 것은 일반인보다 더 많은 고난을 떠안음을 의미한다. 우리는 다른 모든 사람에게 닥치는 고통과 스트레스와 질병을 견뎌야 할 뿐 아니라, 신앙 때문에 당하는 모욕과 고초와 핍박을 기꺼이 감수해야 한다.

디트리히 본회퍼는 이렇게 썼다.

모든 그리스도인에게 십자가가 얹혀 있다. 모든 그리스도인이 경험해야 하는 첫 번째 고난은 이 세상과의 유착을 거부하는 것이다. 이는 그리스도와의 만남으로 인해 옛 사람이 죽는 것이다. 제자의 길을 나섬으로써 우리는 그리스도의 죽음과 연합하여 자신을 그리스도께 복종시키며 우리의 삶을 죽음에 넘겨준다. 십자가는 하나님을 경외하는 행복한 삶을 끝내게 하는 것이 아니라 그리스도와 연합하는 순간부터 마주하는 것이다. 그리스도는 우리를 부르실 때 죽음을 명하신다.[25]

달리 말해, 제자로의 부르심은 근사한 선박여행으로 초대하는 것이 아니다. 한 기독교 잡지에 다음과 같은 광고문이 실린 적 있다.

예수님! 셔플보드! 해물뷔페! 꿈 같은 5성급 5층 유람선에서 호화로운 7일 낮과 안락한 6일 밤을 예수 그리스도와 저명한 열두 강사와 함께하세요. 갑판의 옥외풀장에서 가라오케를 즐기거나 실내 워터파크에서 좋은 사람들과 함께 근심을 모조리 날려버리세요!

예수님은 전적으로 그분을 의지하도록 설계된 배 안에서 우리가 모진 비바람을 맞게 하신다. 배가 파도로부터 안전한 것처럼 보일 땐 바다에 뛰어들게도 하신다(마 14:29). 하지만 어디서든 그는 우리와 함께 계시며, 염려하지 않고 믿도록 우리를 도우신다. 따라서 배를 타기 전에 올바른 신학을 갖는 것이 매우 중요하다.

'트루먼 쇼' 외에 내가 좋아하는 선박 관련 영화 중 하나는 험프리 보가트와 캐서린 햅번을 스타로 만들었던 존 휴스턴의 고전적인 작품 '아프리카의 여왕'(The African Queen, 1951년 작)이다. 이 영화는 제1차 세계대전을 배경으로 하며 보가트와 햅번은 각각 찰리 알넛과 선교사 로즈의 배역을 맡았다. 심술궂은 선장 찰리는 나치 독일군들이 되돌아오기 전에 독일 식민지였던 로즈의 사역지로부터 그녀를 피신시키기로 한다. 그리고 배를 타고 가는 중에 두 사람은 위험한 급류와 짐승들을 만난다. 그들이 탄 '디 애프리컨 퀸 호'는 튼튼하지 않은 배였고, 설상가상으로 독일의 무장 헬리콥터가 강어귀에서 정찰 중이어서 탈출이 불가능했다. 로즈가 "염려마세요, 알넛 씨."라고 말하자 무뚝뚝한 선장이 이렇게 대답한다. "나는 염려하지 않아요. 출발할 때 나 자신을 이미 죽은 것으로 여겼소."

이와 같이 그리스도께서 우리를 배 안으로 부르실 때도 우리가 시작부터 이미 죽은 것으로 생각할 것을 당부하신다.

주님을 신뢰하는 믿음

예수님은 위기에 처한 제자들에게 마음을 쓰고 계셨다. 염려하진 않으셨지만 냉담하셨던 것도 아니다.

"예수께서 깨어 바람을 꾸짖으시며 바다더러 이르시되 잠잠하라 고요하라 하시니 바람이 그치고 아주 잔잔하여지더라"(막 4:39).

이 본문은 예수 그리스도의 주권을 잘 묘사한다. 히브리서 1장 3절은 그가 능력의 말씀으로 만물을 붙드신다고 말한다. 그 모든 것을 그분이 만드셨기에 한 마디 말씀이나 손동작만으로도 지시를 내리실 수 있다.

마가복음 4장 39절에 요약된 것과 유사한 상황이 6장 45-52절에도 나온다. 전승에 의하면 마가복음은 사도 베드로의 증언에 따라 기록되었다고 한다. 그렇다면 같은 사건이 마태의 기록보다 더 간략한 것은 베드로의 겸손한 일면을 반영하는 것일 수 있다.

"예수께서 즉시 제자들을 재촉하사 자기가 무리를 보내는 동안에 배를 타고 앞서 건너편으로 가게 하시고 무리를 보내신 후에 기도하러 따로 산에 올라가시니라 저물매 거기 혼자 계시더니 배가 이미 육지에서 수 리나 떠나서 바람이 거스르므로 물결로 말미암아 고난을 당하더라 밤 사경에 예수께서 바다 위로 걸어서 제자들에게 오시니 제자들이 그가 바다 위로 걸어오심을 보고 놀라 유령이라 하며 무서워하여 소리 지르거늘 예수께서 즉시 이르시되 안심하라 나니 두려워하지 말라 베드로가 대답하여 이르되 주여 만일 주님이시거든 나를 명하사 물 위로 오라 하소서 하니 오라 하시니 베드로가 배에서 내려 물 위로 걸어서 예수께로 가되 바람을 보고 무서워 빠져가는지라 소리 질러 이르되 주여 나를 구원하소서 하니 예수께서 즉시 손을 내밀어 그를 붙잡으시며 이르시되 믿음이 작은 자여 왜 의심하였느냐 하시고 배에 함께 오르매 바람이 그치는지라 배에 있는 사람들이 예수께 절하며 이르되 진실로 하나님의 아들이로소이다 하더라"(마 14:22-33).

이 사건 역시 자연을 제어하시는 예수님의 강력한 권능을 보여준다. 폭풍을 잔잔케 하심에 관한 마가의 기록에서는 물을 존재케 하신 음성이 그들을 잠잠하게 하신다. 창조주의 음성을 듣고 바다가 복종하는 것이다. 예수님이 물 위를 걸으시는 이야기에서도 우리는 풍랑을 복종시키시는 모습을 본다.

히브리인들의 신화적 사고에서 물은 혼돈이나 악을 상징한다. 요한계시록 13장 1절에 묘사된 짐승이 바다에서 나오는 것으로 표현된 것도 바로 이 때문이다(이사야 27장 1절과 에스겔 32장 2절도 마찬가지다). 이는 복음서의 기사가 신화적이라는 말이 아니다. 유대인들이 일종의 물활론자였다는 말도 아니다. 다만 전통적으로, 또 문화적으로 바다는 그들에게 길들일 수 없는 난폭함, 깊은 어둠, 영적 혼돈을 상징했음을 뜻한다. 예수께서 물 위를 걸으신 것은 단순히 인상적인 묘기가 아니다. 그것은 영적인 악의 세력을 제어하는 권세를 선포하신 행동이다. 천지를 지으실 때처럼, 창조주 하나님이 혼돈으로부터 질서를 "분리하시고", 권세 있는 음성으로 표현된 주권적 의지로 무형의 공허를 정복하셨다(창 1:2-10).

마태복음 14장 27절의 "나니"도 그분의 신적 통제력을 명백히 선언하신 말씀이다. "나니"에 해당하는 헬라어는 출애굽 기사에 자주 나오는 '나는 (스스로) 있다(존재한다)'는 뜻인 '여호와'라는 하나님의 칭호를 연상시킨다.

크레이그 블롬버그는 마가복음 6장 48절의 "지나가려고"에 해당하는 헬라어가 칠십인역에서 출애굽기 33장 19절과 34장 6절에 사용된 것과 동일하다고 지적한다. 마가복음 6장 48절에서는 물 위를 걸으시는 예수님을 묘사하고, 출애굽기 본문은 모세 앞으로 지나가시는, 즉 '계시하시는' 하나님의 영광을 묘사한다.26) 따라서 "나니"라는 표현은 예수님의 신성을 나타내는 "나는 ……이다." 문구들의 목록에 포함될 수 있다.

물 위를 걸으시는 예수님은 말씀과 행동으로 자신이 하나님임을 선언하셨다. 만일 그분이 하나님이라면 분명 바다의 주인이시다. 그리고 그가 바다의 주인이라면 당연히 바다에게 명하실 수 있다. 그분은 배에 오르시면서 "나니 두려워하지 말라"고 말씀하셨다.

마가복음 4장에도 유사한 내용이 나온다. 거기서는 예수님이 배 밖에서 배 안을 보는 것이 아니라 배 안에서 제자들의 마음을 들여다보신다.

"이에 제자들에게 이르시되 어찌하여 이렇게 무서워하느냐 너희가 어찌 믿음이 없느냐 하시니"(40절).

당시 제자들은 놀라며 두려워했을 것이다. 주무시던 주님이 폭풍을 잠재우셨다. 미친 듯 날뛰던 물결이 편평한 풀밭처럼 변했다. 배 주변에서 일어나는 잔물결 외에는 파도가 전혀 보이지 않는다. 바람이 멎고 구름이 걷혔다. 날씨가 맑고 쾌청해졌다. 그러나 그들에게는 두려움이 엄습했다. 아마도 놀란 제자들 중 하나가 이렇게 말했을 것이다. "미…미… 믿음이라고? 무슨 믿음을 말씀하시는 걸까?"

첫 번째로, 그 폭풍을 잔잔케 하신 데에는 어떤 목적이 있었다. 우리는 혼돈스러운 삶의 바다를 떠다니는 존재가 아니며 우연이나 운의 희생물도 아니다. 우리는 이신론자들의 신을 믿는 것이 아니라 아브라함과 이삭의 하나님을 섬긴다. 우리는 은하를 움직이고 행성들을 운행하고 바다를 만들고 천둥을 부르고 산을 일으키며 불과 비를 명하시는 하나님께 복종한다. 영원하고 모든 것을 감찰하시는, 강한 요새요 전사이신 하나님을 섬긴다. 또 자신의 백성과 함께 거하시는 하나님, 궁극적으로 그들의 육체 가운데 거하시는 하나님을 경배한다. 이 하나님은 결코 우리를 방치하지 않으실 것이다. 심지어 십자가에 달려서도 그리 하지 않으셨다. 왜냐하면 그의 죽으심이 곧 우리의 죽음이 되었고(롬 6:8; 딤후 2:11), 죽음에 머물러 있지 않으셨기 때문이다. 따라서 우리에게 일어나는 나쁜 일들은 그분의 주권이나 계획 밖에 있는 것이 아니다. 우리의 고난을 통해 하나님이 무엇을 하고 계시는지는 모를 수 있지만, 우리는 그분이 무엇인가를 하고 계시다는 것을 신뢰할 수 있다.

두 번째로, 우리는 각자에게 허락된 수명이 있음을 믿는다. 우리의 머리털까지 세시는 하나님은(눅 12:7) 우리의 수명을 알고 계신다. 사람은 누구나 한 번 죽으며(히 9:27), 하나님이 우리에게 허락하신 것을 그 누구도 빼앗지 못한다. 대양의 선상에서 죽거나 죽지 않는 것 모두 그분의 뜻에 달렸다. 이것은 염려의 원인이 아니라 확신의 원인이다. 그리스도인에게 죽음은 더 이상 죽음이 없는 천상의 생명으로 들어감을 뜻하기 때문이다. 그래서 바울은 "내게 사는 것이 그리스도니 죽는 것도 유익함이라"고 말했다(빌 1:21).

언젠가 몇몇 교인과 온두라스 선교 여행에 대해 의논할 때다. 매년 온두라스로 갈 때마다 거쳤던 산페드로술라가 그 당시 세계에서 가장 폭력적인 도시로 알려졌다는 사실이 화제로 떠올랐다. 대화 중 두려움의 그림자가 드리워졌다.

그래서 내가 농담 삼아 이렇게 얘기했다. "만일 예수께서 우리가 온두라스에서 죽기를 원하신다면, 우리는 온두라스에서 죽을 수밖에 없습니다. 밤에 각자의 집에서 잠자리에 들어도 다음 날 온두라스에서 죽어 있을 겁니다." 그러자 한 사람이 "이제 우리는 죽을지도 몰라요." 하고 소리쳤다. 물론 그렇다. 하지만 하나님이 정하신 날보다 단 하루도 일찍 죽지 않을 것이다.

세 번째로, 모든 시련에는 목적이 있다는 믿음과 누구나 정해진 때에 죽는다는 믿음은 우리를 하나님을 믿는 믿음으로 이끈다. 오직 하나님께 맡기는 믿음이다. "비록 하나님이 나를 죽이실지라도 나는 그를 신뢰할 것이다"라는 믿음이다(욥 13:15, 현대인의 성경). 이런 믿음은 불타는 풀무에서 우리를 건져낼 것이다. 설령 건져냄을 받지 못하더라도 우리는 우상숭배에 빠지지 않을 것이다(단 3:17-18). 곧 "우리가 대적할 능력이 없고 어떻게 할 줄도 알지 못하옵고 오직 주만 바라보나이다"라고 말하는 믿음이다(대하 20:12).

"그들이 심히 두려워하여 서로 말하되 그가 누구이기에 바람과 바다도 순종하는가 하였더라"(막 4:41).

이 본문은 이사야 63장 1절을 연상시킨다.

"에돔에서 오는 이 누구며 붉은 옷을 입고 보스라에서 오는 이 누구냐 그의 화려한 의복 큰 능력으로 걷는 이가 누구냐 그는 나이니 공의를 말하는 이요 구원하는 능력을 가진 이니라"

위험한 영광

앞에서 보는 것처럼 예수께서 폭풍을 잔잔케 하신 후의 제자들의 반응이 매우 인상적이다. 폭풍이 잔잔해진 후 "그들이 심히 두려워했다"(막 4:41).

사람들은 예수께서 정신을 차리시고 문제를 해결해주셨을 때 제자들이 기쁨의 탄성을 발하며 서로 하이파이브를 쳤을 거라고 생각할 것이다. 하지만 그들은 심한 두려움에 사로잡혔다. 그 이유가 무엇일까?

아마도 그들은 예수님의 크신 능력에 놀랐을 뿐 아니라, 애당초 폭풍을 제압할 수 있음에도 불구하고 예수께서 그것을 허용하시며 심지어 지시하셨다는 생각에 몹시 혼란스러웠을 것이다.

우리 역시 비극적인 일을 당할 때마다 이런 혼란에 빠져들지 않는가? 심각한 자연재해로 도시가 파괴되고 수많은 인명피해가 날 때, 세상 사람들은 그리스도인들에게 하나님의 답변을 제시하라고 요구한다. 그러면 그리스도인들은 당황한다. 그리고 하나님의 입장을 변호하려 한다.

하나님의 주권을 시원하게 설명해주길 원한다. 이런 식으로 말이다. "하나님이 통제하시지만 이런 건 예외다. 그분은 모든 걸 통제하시지만 나쁜 일에는 관여하지 않으신다. 이 일은 우연히 일어난 것이다."

하지만 성경적으로 볼 때 이 말은 난센스다. 나는 번영복음을 몹시 싫어하고 혐오한다. 그런 얘기를 들으면 너무나 역겹다. 번영복음을 전하는 자들은 하나님이 결코 약속하시지 않은 것을 약속하고, 하나님이 예로부터 정해두신 것을 부인한다. 그래서 삼위일체 하나님의 주권을 왜곡시키고 사람들을 지옥으로 보낸다. 사람들을 지옥으로 보내는 신학 모두가 혐오스럽다.

사람들은 종종 나에게 조엘 오스틴 같은 번영설교자들을 격렬히 비판하는 이유를 묻는다. 그 이유는 그가 사람들을 지옥으로 보내기 때문이다. 고난당하고 가난한, 그리스도의 십자가 신학을 필요로 하는 사람들에게 그는 존재하지도 않는 마법램프 속의 '지니'(genie)를 제시한다. 그렇게 상황이 회복되거나 번창해지지 않으면, 사람들은 심한 의심과 혼란에 빠져들게 된다. 그들은 이렇게 생각한다. '하나님은 나를 사랑하지 않으시나봐. 아니면 무기력하실 거야. 어쩌면 내게 믿음이 없을지도 몰라.' 번영복음을 말하는 전도자들은 순진한 사람들을 부추겨 재물을 구주로 삼게 한다. 고통 속에서 선한 목적을 이루시는 하나님이 아닌 세상적인 것에 믿음을 두게 한다. 그러나 성경의 하나님, 유일하고 참되신 하나님은 만사를 주관하신다. 때로는 이 사실이 두렵다. 영적으로도 혼란스럽게 한다.

제자들은 "도대체 이분은 누굴까?" 하고 놀랐다. 이것은 우리 모두가 해야 할 질문이며 "너희는 나를 누구라 하느냐"(막 8:29)라고 물으신 예수님의 질문과 같은 맥락이다.

그분은 하나님이시다. 십자가의 폭풍을 미리 정하시고 독생자를 아끼지 않은 하나님이시며, 죄와 영원한 고통으로부터 우리를 구속하기 위해 우리의 고통을 짊어진 슬픔의 사람이요 고난당하는 종이시다. 우리의 구속을 위해 십자가를 미리 정하셨던 예수님은 우리가 더욱 그분을 닮게 하시기 위해 우리의 고통도 미리 정하셨다.

이것이 기독교의 핵심이다! 이것이 예수님을 영화롭게 하는 것이며, 어린 양으로 하여금 고난의 대가를 받으시게 하는 것이다.

우리 구주 예수 그리스도 안에서 성육신하신 하나님은 다스리며 사랑하시는 하나님이다. 세상의 신들은 건강과 부와 만족을 약속하지만 실제로 그것을 제공하지는 못한다. 우리 하나님은 우리에게 때로 불시련이 닥치게 하시지만 그것을 통해 우리가 성년되어 나올 것이나. 그분이 우리에게 보내시는 폭풍으로 우리가 정결하게 씻길 것이다. 우리에게 이생에서 자기의 십자가를 지라고 요청하시지만, 우리를 영원히 안전하게 구원하실 것이다.

자연계를 통제하시는 예수님의 권능을 보여주는 이적들은(음식, 포도주, 물고기, 무화과나무, 물과 바람에게 내리신 명령 등) 주권적인 주님과 우주의 주인과 자연법칙의 조성자로서의 그리스도를 계시한다. 또한 이 이적들이 계시하는 영광은 창조질서를 회복시키러 오신 창조주 하나님의 영광이다. 오늘날 하나님의 영이 온 땅을 두루 다니며 소생될 자들을 찾으시고, 그들의 마음과 눈을 열어 다시 사신 아들의 영광을 보게 하신다. 그 아들은 아버지 곁에 앉아 온 땅에 명령을 발하신다. 자신의 보좌에서 만물을 새롭게 하신다.

「복음에 눈뜨다」(Gospel Wakefulness)라는 책에서 나는 우울증에 한 장을 할애했는데, 거기서 다음과 같은 일화를 소개했다.

로버트 루이스 스티븐슨에 의해 전해진 것으로 알려진 이야기가 있다. 무서운 폭풍 속에서 바위 많은 해안에 갇힌 배에 관한 이야기다. 허리케인이 불어와 비바람이 날리고 거대한 파도가 금방이라도 배와 승객들을 파멸로 몰아갈 듯이 위협했다. 그 와중에 한 용감한 승객이 미끄러운 계단을 통해 갑판으로 올라갔다. 머릿속에는 무서운 갑판 상황이 어른거렸고 배는 심하게 들까불렀다. 성난 바다의 철썩이는 소리와 삐걱거리는 소리도 계속 이어졌다. 폭우가 시야를 흐렸지만, 그는 갑판 저편의 타륜 쪽을 주시했다. 선장이 타륜을 단단히 붙들고 서서히 배를 바다 쪽으로 돌리고 있었다. 선장은 두려움 가득한 눈으로 자신을 주시하는 사람을 알아채고는 미소를 지어보였다. 그러자 그 승객은 곧바로 선실로 돌아가 감격에 찬 음성으로 소식을 전했다. "선장이 나에게 미소를 보내더군요. 모든 게 잘될 겁니다."[27]

마가복음 4장 끝 부분에 나오는 우리 주님의 모습에 착안하여 이 이야기의 마무리를 다음과 같이 상상해볼 수도 있을 것이다.

젖은 계단에 미끄러지고 이리저리 벽에 부딪히면서 간신히 선실로 내려간 그 승객은 비틀거리며 승객들 앞에 서서 폭풍이 몰아치는 바깥 상황에 관한 소식을 전했다. "선장을 보러 갔습니다. 그는 고물에 편안히 잠들어 있더군요. 모든 게 잘될 겁니다."

이와 같이 예수님은 절대주권자로서 나서기만 하시는 것이 아니라 쉬기도 하신다.

THE WONDER WORKING GOD

5. 모든 것을 좋게 하시는 주님

"태초에 하나님이 천지를 창조하시니라"(창 1:1). 하나님이 말씀으로 빛을 만드셨다. 물에서 뭍을 분리하셨다. 모든 자라는 식물을 지으셨다. 해와 달과 별들도 만드셨다. 바다에 물고기가 가득하게 하셨다. 공중을 새들로 채우셨다. 땅에는 수없이 다양한 짐승들을 두셨다. 창조의 날이 하루씩 끝날 때마다 자신의 일을 돌아보며 "좋다"고 선언하셨다.

그다음에는 사람을 만드셨다. 땅의 흙으로 사람을 지으시고 그 코에 생기를 불어넣으셨다. 또 그 사람의 갈빗대를 취하여 그의 조력자인 여자를 만드셨다.

모든 창조의 절정인-하나님의 형상으로 지음받은 의식적이고 관계적이고 영적이며 창의적인 존재-남자와 여자를 만드신 후, 하나님은 모든 과정을 요약하시며 "이 모든 것이 매우 좋다"고 말씀하셨다(창 1:31 참조).

하나님께서 우리를 이렇게 지으셨다. 타락하기 전의 아담과 하와는 하나님의 권위 아래 에덴동산을 지키고 경작하며 풍성한 결실을 보았다. 그 모든 일을 하나님께서 자신의 거룩하신 능력으로 탁월하게 행하셨다.

그러나 아담과 하와가 행하는 모든 일에는 자유의지의 위험성이 수반되었다. 하나님이 동산 가운데 한 나무를 두시고 아담과 하와에게 먹지 말라고 금하셨다. 그 나무는 하나님이 하나님이시고 그들은 하나님이 아님을 상기시키는 것이었다. 그러나 아담과 하와가 불순종으로 자신의 배를 채운 이후, 죄가 인생들의 안과 밖을 갉아먹어왔다.

그와 같이 타락은 영구적으로 파괴적인 결과를 가져왔다. 로마서 8장 22절에서 바울은 하나님께서 선하게 창조하신 세상이 구속을 바라며 탄식하고 있다고 말한다. 우리도 마찬가지다(23절). 그 반역은 우주적이었고, 그로 인한 부패도 마찬가지다. 땅에 대한 하나님의 저주는(창 3:17) 문자적인 의미의 땅을 넘어 우리의 몸을 포함한 피조세계 전체에 적용된다. 그 저주로 인해 우리는 피곤하고 상처 입고 병들고 죽는다. 그 암적인 반(反)창조행위로 인해 우리의 살과 뼈가 고통당한다.

한센병은 타락으로 인한 육신의 부패 상태를 가장 생생하게 보여주는 사례일 수 있다. 적어도 예수님 당시의 사람들은 그렇게 생각했다. 한센병 환자들은 단순한 의학적 질환이 아닌 종교적으로 부정한 병으로 간주되었다. 즉 한센병 환자를 기피하는 것은 살을 파먹는 박테리아 때문이 아니라 부정해지기 때문이었다. 이와 관련된 성경구절이 많다. 그중에서도 레위기 13-14장이 좋은 예다. 이 규례들은 하나님으로부터 온 것이다.

그러나 하나님께서 친히 이 땅에 오셨고, 한센병에 걸릴 수 있는(아타나시우스의 견해와는 다르다[28]) 육체를 입으셨다. 그분이 한센병 환자들을 만지신 것은 긍휼히 여기시는 마음뿐 아니라, 죄로 인해 손상된 것을 사랑으로 회복시키려는 의도에서 비롯된 것이기도 했다.

한센병 관련 율법에 대한 예수님의 태도는 모든 치유 이적의 목적을 이해하도록 도와준다. 그분이 접촉이 금지된 자들과 접촉하고 부정한 자들을 이적으로 깨끗케 하신 것은 그분의 치유와 죄 사함 간의 관계를 시사한다. 이에 대해 마이클 윌리엄스는 다음과 같이 설명했다.

> 치유 이적들은 그분의 선언과 별개의 것이거나 단지 그 선언에 추가된 것이 아니었다. ……그것들 자체가 하나님 나라의 특성에 관한 구체화된 선언이다.[29]

질병과 지체장애는 저주와 율법을 상기시킨다. 하지만 하나님 나라는 율법 성취를 통한 죄 용서라는 해결책을 제시한다.

예수께서 안식일에 치유를 강행하신 것도 하나님 나라와 율법 간의 긴밀한 연관성 때문이다.

관계 규정

예수님과 제자들이 안식일에 밀밭을 지날 때, 배고픈 제자들이 밀 이삭을 따서 비비기 시작한다(마 12:1-8). 그 모습을 본 바리새인들은 노동을 금하는 안식일 규례를 위반했다며 곧바로 그들을 질책하고 나선다. 이에 예수님은 몇몇 그런 역사적 '위반' 사례들을 인용하신 후, (적어도 당시의 종교 지도자들에게는) 놀랄 만한 말씀을 하신다.

"내가 너희에게 이르노니 성전보다 더 큰 이가 여기 있느니라 나는 자비를 원하고 제사를 원하지 아니하노라 하신 뜻을 너희가 알았더라면 무죄한 자를 정죄하지 아니하였으리라 인자는 안식일의 주인이니라 하시니라"(마 12:6-8).

"성전보다 더 큰 이가 여기 있느니라" 이것은 혁신적인 말씀이다. 예수님은 성전과 그 율법의 대적으로서가 아니라 그것을 만든 분으로서 자신을 드러내신다.

내가 가장 좋아하는 복음서 장면들 중 하나는 성전 숙정과 관련된 것이다.

일부러 주목하지 않으면 지나치기 쉬운 내용이지만, 마가복음 11장 16절에 의하면 성전 뜰에 서신 예수님이 일상적인 일로 성전을 지나다니는 사람들을 제지하신다. 그들은 성전 경내를 지름길로 여겼으며, 예수님은 환전상과 상인들을 쫓아내신 후, 통로에 서서 사람들의 왕래를 직접 통제하셨다.

하나님의 은혜로우신 선택과 유대 민족 구원의 외적 보루로 하나님에 의해 설립된 유대 종교가 구원의 방편 자체로 간주되기에 이르렀다. 일단 무엇인가를 '사용하기' 시작하면, 우리는 그것을 남용하며 당연시하게 되고 결국 그것을 싸구려 우상으로 전락시키기 십상이다.

이제 예수님은 자신이 안식일의 주인임을 선언하시며, 더 나아가 하나님의 사랑과 하나님 나라의 은혜로운 체제를 강조하신다. "안식일이 사람을 위하여 있는 것이요 사람이 안식일을 위하여 있는 것이 아니니"(막 2:27).

이 급진적인 재규정을 예시하기 위해, 예수님은 안식일에 밀 이삭을 뽑도록 허락하실 뿐 아니라 안식일에 치유도 할 수 있음을 주장하신다. 한 종교 지도자의 집에서 수종병자를 치유하신 것은 여러 사례들 중 하나일 뿐이다.

"안식일에 예수께서 한 바리새인 지도자의 집에 떡 잡수시러 들어가시니 그들이 엿보고 있더라 주의 앞에 수종병 든 한 사람이 있는지라 예수께서 대답하여 율법교사들과 바리새인들에게 이르시되 안식일에 병 고쳐주는 것이 합당하냐 아니하냐 그들이 잠잠하거늘 예수께서 그 사람을 데려다가 고쳐 보내시고 또 그들에게 이르시되 너희 중에 누가 그 아들이나 소가 우물에 빠졌으면 안식일에라도 곧 끌어내지 않겠느냐 하시니 그들이 이에 대하여 대답하지 못하니라"(눅 14:1-6).

예수님의 논리는 완벽하다. 사실 예수님보다 더 논리적인 사람은 없다. 그분은 너무나 알기 쉬운 사실과 비교하신다.

만일 우리 아들이나 소가 안식일에 위급한 상황에 처한다면, 우리는 주저하지 않고 구하러 나설 것이다. 이 사실에 대해 누가 반박할 수 있겠는가?

또한 안식일에 치유하신 것은 예수님의 권세가 율법 위에 있으며 그

것이 율법의 최종 판결임을 보여준다. 사실 하나님 나라의 복음과 거기 내포된 것들을 받아들이는 것은 자신의 인간적인 노력을 중단하고 안식함과 동시에 새 창조가 이미 이루어진 것처럼 행동함을 뜻한다. 히브리서 4장 1-11절은 다음과 같이 상세하게 설명한다.

"그러므로 우리는 두려워할지니 그의 안식에 들어갈 약속이 남아 있을지라도 너희 중에는 혹 이르지 못할 자가 있을까 함이라 그들과 같이 우리도 복음 전함을 받은 자이나 들은바 그 말씀이 그들에게 유익하지 못한 것은 듣는 자가 믿음과 결부시키지 아니함이라 이미 믿는 우리들은 저 안식에 들어가는 도다 그가 말씀하신 바와 같으니 내가 노하여 맹세한 바와 같이 그들이 내 안식에 들어오지 못하리라 하셨다 하였으나 세상을 창조할 때부터 그 일이 이루어졌느니라 제칠일에 관하여는 어딘가에 이렇게 일렀으되 하나님은 제칠일에 그의 모든 일을 쉬셨다 하였으며 또 다시 거기에 그들이 내 안식에 들어오지 못하리라 하였으니 그러면 거기에 들어갈 자들이 남아 있거니와 복음을 전함을 먼저 받은 자들은 순종하지 아니함으로 말미암아 들어가지 못하였으므로 오랜 후에 다윗의 글에 다시 어느 날을 정하여 오늘이라고 미리 이같이 일렀으되 오늘 너희가 그의 음성을 듣거든 너희 마음을 완고하게 하지 말라 하였나니 만일 여호수아가 그들에게 안식을 주었더라면 그 후에 다른 날을 말씀하지 아니하셨으리라 그런즉 안식할 때가 하나님의 백성에게 남아 있도다 이미 그의 안식에 들어간 자는 하나님이 자기의 일을 쉬심과 같이 그도 자기의 일을 쉬느니라 그러므로 우리가 저 안식에 들어가기를 힘쓸지니"

구원을 얻기 위해 안식하는 것은 예수께서 만나신 대부분의 바리새인들을 포함한 많은 사람에게 너무나 힘든 일이었다.

그러나 예수님은 사람과 안식일 간의 관계를 의무관계로부터 기회의 관계로 재규정하셨다.

그분이 안식일에 치유하시는 것은 하나님 나라가 율법이 아니라 복음이기 때문이다.

만일 우리에게 예수님의 영광스러운 이적을 통해 드러나는 천상의 세계를 보는 눈이 있다면, 우리는 천상에서의 영원한 안식의 광채를 간파할 것이다.

그 안식의 날에는 피조세계가 더 좋은 모습으로 새롭게 회복되고, 질병과 고통이 전혀 없을 것이다.

하나님 나라의 관점으로 사람과 안식일(그리고 율법)의 관계를 재규정함과 동시에 예수님은 사람과 하나님의 관계도 재규정하신다.

예수께서 누가복음 14장의 수종병자를 그곳에 있던 청중에게 매우 소중한 어떤 것-아들이나 소-에 비교한 사실이 주목할 만하다. 접촉이 금지된 자들에게 지속적으로 다가감으로써, 예수님은 그들 각자에게 '하나님의 형상'이 내재해 있음을 확언하신다. 즉 유대교인들이 부정하게 여기는 사람을 예수님은 아들처럼 소중하게 여기신다. 그리고 죄인들을 "자녀"로 부르는 이 같은 관계 재규정은 다음 주제로 자연스럽게 이어진다.

치유 중의 치유

예수 그리스도의 복음 안에 있는 하나님의 사랑은 우주 전체를 담을 수 있을 만큼 깊고, 아기가 놀 수 있을 만큼 안전하다. 발목까지 잠기는 해변을 제공하는 바다는 신비에 싸인 해저 깊은 곳의 해구도 제공한다. 이 영광스러운 진리를, 우리는 야이로의 딸을 살리신 이적과 그 사이에 소개되는 혈루증 여인의 치유를 통해 엿볼 수 있다. 마가복음은 이렇게 전한다.

"예수께서 배를 타시고 다시 맞은편으로 건너가시니 큰 무리가 그에게로 모이거늘 이에 바닷가에 계시더니 회당장 중의 하나인 야이로라 하는 이가 와서 예수를 보고 발아래 엎드리어 간곡히 구하여 이르되 내 어린 딸이 죽게 되었사오니 오셔서 그 위에 손을 얹으사 그로 구원을 받아 살게 하소서 하거늘 이에 그와 함께 가실새 큰 무리가 따라가며 에워싸 밀더라 열두 해를 혈루증으로 앓아 온 한 여자가 있어 많은 의사에게 많은 괴로움을 받았고 가진 것도 다 허비하였으되 아무 효험이 없고 도리어 더 중하여졌던 차에 예수의 소문을 듣고 무리 가운데 끼어 뒤로 와서 그의 옷에 손을 대니 이는 내가 그의 옷에만 손을 대어도 구원을 받으리라 생각함일러라 이에 그의 혈루 근원이 곧 마르매 병이 나은 줄을 몸에 깨달으니라 예수께서 그 능력이 자기에게서 나간 줄을 곧 스스로 아시고 무리 가운데서 돌이켜 말씀하시되 누가 내 옷에 손을 대었느냐 하시니 제자들이 여짜오되 무리가 에워싸 미는 것을 보시며 누가 내게 손을 대었느냐 물으시나이까 하되 예수께서 이 일 행한 여자를 보려고 둘러보시니 여자가 자기에게 이루어진 일을 알고 두려워하여 떨며 와서 그 앞에 엎드려 모든 사실을 여쭈니 예수께서 이르시되 딸아 네 믿음이 너를 구원하였으니 평안히 가라 네 병에서 놓여 건강할지어다 아직 예수께서 말씀하실 때에 회당장의 집에서 사람들이 와서 회당장에게 이르되 당신의 딸이 죽었나이다 어찌하여 선생을 더 괴롭게 하나이까 예수께서 그 하는 말을 곁에서 들으시고 회당장에게 이르시되 두려워하지 말고 믿기만 하라 하시고 베드로와 야고보와 야고보의 형제 요한 외에 아무도 따라옴을 허락하지 아니하시고 회당장의 집에 함께 가사 떠드는 것과 사람들이 울며 심히 통곡함을 보시고 들어가서 그들에게 이르시되 너희가 어찌하여 떠들며 우느냐 이 아이가 죽은 것이 아니라 잔다 하시니 그들이 비웃더라 예수께서 그들을 다 내보내신 후에 아이의 부모와 또 자기와 함께한 자들을 데리시고 아이 있는 곳에 들어가사 그 아이의 손을 잡고 이르시되 달리다굼 하시니 번역하면 곧 내가 네게 말하노니 소녀야 일어나라 하심이라 소녀가 곧 일어나서 걸으니 나이가 열두 살이라 사람들이 곧 크게 놀라고 놀라거늘 예수께서 이 일을 아무도 알지 못하게 하라고 그들을 많이 경계하시고 이에 소녀에게 먹을 것을 주라 하시니라"(막 5:21-43).

야이로의 딸을 살리신 이적에 대해서는 이 책 9장에서 더 자세히 살펴보기로 하고, 여기서는 본문과 관련된 세 가지 복음적인 메시지에 초점을 맞추고자 한다.

첫째, 하나님 나라에는 신분의 구별이 없다. 야이로는 회당장이지만 여자는 줄곧 부정한 상태다(레 15:25). 그녀가 자신을 숨기려 한 것도 이 때문이다.

하지만 예수님은 그녀에게 기회를 주셨다. 화를 내며 재빨리 돌아서실 수 있었지만 그러지 않으셨다. 예수께서 일부러 가까이하신 자들이 어떤 부류인지를 주목할 필요가 있다. 그분은 먼저 된 자를 나중 되게 하고 나중 된 자를 먼저 되게 하신다(마 19:30). 제자들이 어린아이들의 접근을 막으려 할 때도 어른들을 책망하셨다(13-14절). 의원이 필요한 자는 병든 사람이며(9:12), 복 있는 사람은 심령이 가난한 자다(5:3). 그러므로 우리가 예수님의 옷자락을 당길 때, 그분은 결코 흘겨보지 않으신다. 그분은 오히려 성가신 부탁을 좋아하신다. 그분을 성가시게 하라. 그만큼 그분의 사랑이 깊다.

둘째, 믿음이 적은 자나 많은 자나 동일한 은혜를 받는다. 야이로는 확신을 갖고 예수께 나아갔다. 그는 예수님이 자신의 딸을 치유하실 수 있음을 알았고, 또 그렇게 하실 것을 믿었다. 그래서 곧장 예수께 나아갔다.

반면 여자는 몰래 다가갔다. 그녀는 예수께서 치유할 수 있다고 믿었지만, 그분의 치료를 확신하지는 못했다. 과거에 너무 많이 실망했고 자신의 부정한 상태 때문에, 그리고 예수의 분주하심 때문에 거부당할까 봐 우려했다. 그래서 마침내 예수님을 마주했을 때, 그녀는 두려움에 떨었다.

그러나 예수님은 그녀를 "딸"이라 부르셨다(막 5:34). 그리고 야이로의 딸과 그녀를 동등하게 여기시며 자신과(그리고 하나님 아버지와) 그녀와의 관계를 수립하셨다.

이는 구원을 얻게 하는 믿음이란 강한 믿음이 아니라 진실한 믿음임을 보여주는 증거다. 즉 겨자씨만 한 작은 믿음이 그리스도의 영광스러운 축복을 얻게 함을 보여준다. 그것은 반드시 클 필요는 없지만 진실해야 한다. 하나님의 사랑이 그만큼 깊다.

끝으로, 우리의 구원은 부활로 향하는 과정의 일부다. 예수님은 야이로의 딸을 살리러 가시는 길에 혈루증에 걸린 여자를 치유하심으로써, 그 기사를 야이로의 딸을 살리신 이야기의 일부로 포함시키신다. 즉 혈루증 앓는 여자가 이야기의 중심에 위치했고, 예수께서 그 여자를 고치시기 위해 잠시 멈추신 동안 야이로의 딸이 죽게 되었다. 물론 야이로의 딸을 위한 예수님의 계획은 단지 치료하는 것이 아니라 다시 살리는 것이었다.

그러므로 이 기사는 더 큰 이야기의 축소판이다. 예수님은 죽었다가 다시 살아나시기 위해 나아가셨다. 그 길을 가는 도중에 가르치고 치료하고 귀신을 쫓아내며 먹고 잠자고 사람들을 만나면서 아버지께 경배드리셨다. 그분에게는 계획이 있었고, 적절한 때에 그곳에 도착하셨다. 곧 아버지로부터 받은 임무를 수행하셨고, 그 일을 위해 자신을 포기하기로 결심하셨다.

하지만 그렇게 하실 '때'가 있다. 마가는 복음서 기자들 중에서도 십자가 사건을 알리고 싶은 마음이 가장 간절했던 것 같다. 다른 내용은 여타 공관복음서들보다 간략히 기록한 것에 비해 십자가 사건은 매우 상세히 보도한다.

복음을 계시하는 성경과 마찬가지로, 복음은 우리에 관한 것이 아니라 우리를 '위한' 것이다. 그 이야기는 주로 하나님의 영광에 관한 내용이지만 복음 안에서 우리가 그 영광에 참예한다. 따라서 그리스도의 죽음과 부활에 관한 이야기의 일부는 죄와 수치로부터 해방되는 포로들에 관한 이야기다.

나는 예수께서 나를 위한 때를 정하셨다는 사실에 감사한다. 세상이 시작되기 전에 그분이 나를 위한 공간을 만드셨다. 뿐만 아니라 지금도 하늘에서 나를 위한 공간을 예비하고 계신다.

바울은 로마서 8장 32절에서 "자기 아들을 아끼지 아니하시고 우리 모든 사람을 위하여 내주신 이가 어찌 그 아들과 함께 모든 것을 우리에게 주시지 아니하겠느냐"라고 말한다. 그래서 우리는 그리스도의 재림을 갈망한다. 그를 믿는 모든 사람이 구원을 받을 수 있도록 충분한 시간이 주어졌다. 하나님의 모든 자녀가 구원받을 때까지 그분은 오시지 않을 것이다.

그분은 더디지 않고 인내하신다. 베드로는 "주의 약속은 어떤 이들이 더디다고 생각하는 것같이 더딘 것이 아니라 오직 주께서는 너희를 대하여 오래 참으사 아무도 멸망하지 아니하고 다 회개하기에 이르기를 원하시느니라"고 설명한다(벧후 3:9).

복음은 그리스도의 승귀에 관한 이야기지만, 우리의 치유가 그 이야기의 중요한 부분을 이룬다. 사실상 우리의 치유가 그분의 승귀 일부다. 그리스도의 사랑은 우리의 모든 선한 요구를 만족시키고도 남을 정도로 깊고 풍성하다.

변화될 세계

베데스다 못가의 중풍병자가 치유받은 이야기를 읽으면 안타까움과 후련함을 동시에 느낀다.

"예루살렘에 있는 양문 곁에 히브리말로 베데스다라 하는 못이 있는데 거기 행각 다섯이 있고 그 안에 많은 병자, 맹인, 다리 저는 사람, 혈기 마른 사람들이 누워 물의 움직임을 기다리니 이는 천사가 가끔 못에 내려와 물을 움직이게 하는데 움직인 후에 먼저 들어가는 자는 어떤 병에 걸렸든지 낫게 됨이러라 거기 서른여덟 해 된 병자가 있더라 예수께서 그 누운 것을 보시고 병이 벌써 오래된 줄 아시고 이르시되 네가 낫고자 하느냐 병자가 대답하되 주여 물이 움직일 때에 나를 못에 넣어주는 사람이 없어 내가 가는 동안에 다른 사람이 먼저 내려가나이다 예수께서 이르시되 일어나 네 자리를 들고 걸어가라 하시니 그 사람이 곧 나아서 자리를 들고 걸어가니라 이날은 안식일이니"(요 5:2-9).

나는 수십 년 동안 마비 상태로 지냈던 이 환자의 입장이 되어보려 한다. 그는 치유될 뻔한 기회도 여러 차례 맞았을 것이다. 그 사람이 매일 겪었을 무력감과 좌절을 다 이해하기는 힘들다. 베데스다 못의 물이 동하면 병 고침을 받으려고 환자들이 서로 먼저 뛰쳐나가는 과정에서 그는 이리저리 채이거나 밟혔을 것이다. 하나님 외에 아무런 소망이 없는 상태란 바로 이런 것이다. 여기서 나는 절망 가운데서 마침내 경험하는 치유를 본다. 오래전에 포기했던 다른 모든 축복을 회복하기 전에 경험하는 첫 번째 구원이다.

때로 우리가 축복을 놓치는 것은 예수님을 떠난 곳에서 그것을 구하기 때문이다.

물론 이 환자의 이야기가 보여주듯이, 치유를 구하는 사람들 중에는 치유하는 예수님이 계신 줄을 모르는 사람도 있다. 그러나 우리 주님은 선한 목자시며, 우리 밖에서 잃어버린 양을 찾고 계신다.

베데스다의 마비환자는 오래도록 치유를 기다렸고 치유의 기회는 늘 가까이 있는 것 같았다.

이것은 이스라엘 민족을 나타내는 좋은 은유다. 예수님 당시의 유대 문화는 오랜 세월 동안 속박과 염려와 소망과 기대가 혼합된 것이었다. 그런 와중에 나름대로 구원의 소망을 제시하며 유리한 입장에 서려고 획책하는 자들이 많았다. 곧 종교 분파들, 자칭 메시아들, 그리고 혁명적인 집단들이다.

이 상황에서 이스라엘 민족이 어떻게 위안을 얻을 것인가? 그들의 죄를 사할 수 있는 사람은 아무도 없다. 한때 희망으로 떠올랐던 것들이 얼마 지나지 않아 힘을 잃고 말았다.

그러나 예수님은 이스라엘을 위로하셨다. 그분은 자상한 음성으로 말씀하시며, 이스라엘의 힘든 싸움이 끝나고 그들이 죄 사함 받았음을 외치셨다. 뿐만 아니라 수천 년에 걸친 고난을 가볍게 상쇄하고도 남을 기쁨의 축복을 영원히 누릴 것이라고 말씀하셨다.

주님은 하나님 나라가 가까이 있고, '만일 너희가 치유를 원한다면 치유될 것'이라고 말씀하셨다. 때문에 이스라엘을 향해 침구를 들고 걸어가라고 말씀하셨다.

예수님 당시에는 변화될 세상을 기다리는 사람이 많았다. 그러나 그 세상에 대한 그들의 비전은 너무 협소했다. 착취당한 자들은 하나님 나라의 도래가 착취자들을 내쫓는 것을 의미한다고 생각했다. 권력자들에게는 그것이 접촉 금지된 자들이 최종적으로 제거됨을 뜻했다. 하지만 십자가 아래의 땅은 평평하다. 거기에는 편파성이 없고 하나님의 나라는 동등한 기회를 제공한다.

그래서 예수님은 손 마른 사람(마 12:9-13)처럼 신분이 낮은 자들과 백부장 같은 유력자들과(8:5-13) 베드로의 장인 같은 친지들과(14-15절) 십자가 위의 강도 같은 자들에게(눅 23:39-43) 치유와 도움의 팔을 펴신다. "이는 선지자 이사야를 통하여 하신 말씀에 우리의 연약한 것을 친히 담당하시고 병을 짊어지셨도다 함을 이루려 하심이더라"(마 8:17).

모든 것을 바로잡으심

앨버트 월터스는 예수님의 이적들을 "하나님의 의도대로 피조세계를 복원하는 것"으로 이해한다.[30] 피조세계의 혼란은 하나님의 계획에 대한 인간의 반역에서 비롯되었다. 우리 피조물이 자신의 방식을 고집했다. 그러나 하나님은 거기서 끝내지 않으신다. 은혜롭게 임하셔서 모든 질서를 바로잡으신다.

이것은 크고 좋은 소식이다. 이는 하나님이 단지 우리 죄를 용서하는 것으로 만족하지 않으시고 죄의 결과와 영향까지 제거하심을 뜻하기 때문이다.

예수께서 자신의 이적적인 치유를 죄 사함과 줄곧 연관시키신 것도 바로 이 때문이다. "그분의 축복은 모든 저주를 덮는다."[31] 가버나움의 중풍병자 치유가 이에 관한 사례들 중 하나다.

> "수일 후에 예수께서 다시 가버나움에 들어가시니 집에 계시다는 소문이 들린지라 많은 사람이 모여서 문 앞까지도 들어설 자리가 없게 되었는데 예수께서 그들에게 도를 말씀하시더니"(막 2:1-2).

여기서 우리는 예수님의 사역의 초점이 이적에 있지 않고 말씀에 있다는 사실을 상기해야 한다. 다시 말해 그분이 오신 것은 말씀을 전하기 위해서다(막 1:38). 많은 사람이 모여들었고 방 안에는 더 이상 앉을 자리가 없었다. 예수님은 설교를 하고 계셨다. 이것은 그분의 사역에서 가장 중요한 요소다. 그 와중에 지붕을 뜯고 중풍병자를 달아내리는 극적인 상황이 전개된다.

> "사람들이 한 중풍병자를 네 사람에게 메워 가지고 예수께로 올새 무리들 때문에 예수께 데려갈 수 없으므로 그 계신 곳의 지붕을 뜯어 구멍을 내고 중풍병자가 누운 상을 달아내리니"(막 2:3-4).

이 집의 지붕은 나뭇가지와 진흙으로 덮은 것이어서 뜯기 쉬웠을 것이다. 그럼에도 불구하고 친구들의 사랑은 대단했다. 아픈 친구를 주님 앞에 데려가기 위해 남의 집 지붕을 훼손하는 일까지 감수한 것은 친구에 대한 사랑과 주님에 대한 그들의 신뢰가 엄청났음을 보여준다.

그들은 가련한 친구를 예수님 앞에 내려놓았다. 그 친구는 전적으로 무기력한 상태다. 이를 본 예수님은 놀라운 말씀을 하셨다. "아들아, 내 죄가 사해졌다"(5절 참조).

예수께서 그 사람을 "아들"이라 지칭하셨다. 이 같은 관계 선언도 이상하게 들리지만, 이에 더하여 예수님은 그 사람의 죄가 사해졌음을 선언하셨다.

이 선언을 들은 종교 지도자들은 흥분했다. 그들이 볼 때 예수님은 신성모독을 범하고 있었다. 죄를 사할 수 있는 분은 하나님뿐이시기 때문이다.

이러한 예수님의 선언이 오늘날에는 전혀 다른 이유로 거부될 것이다. 오늘날에는 죄를 인간 존재의 근본적인 문제로 간주하지 않기 때문에 "네 죄 사함을 받았느니라."라는 말씀이 불쾌하게 여겨진다. 그러나 오늘날이나 예수님 당시나 사람들이 기대하는 바는 매우 유사하다.

오늘날의 많은 기독교 설교자들은 죄의 존재를 가볍게 여기고 십자가를 중시하지 않으며, 믿음을 자기발전 프로그램의 방편으로 제시한다. 예수께 몰려들었던 많은 사람처럼, 오늘날의 많은 교회가 복음의 이적을 받아들이기보다는 복음을 이적과 맞바꾸려 한다. 이는 종교적인 옷을 입었으나 세속적인 모습이다. 하나님께 진 영적인 빚을 부인하고 은사만 추구하는 것은 타락한 피조물의 추태다. 예수님의 말씀은 새 창조에 관한 사실의 핵심을 거론한 것으로, 신체마비보다 더 큰 문제가 있음을 상기시킨다.

그렇다면 "네 죄사함을 받았느니라"는 말씀은 무슨 뜻일까? 중풍병이 그 사람의 죄의 결과라는 뜻일까? 나는 그렇게 생각하지 않는다. 그런 개념에 대해서는 예수께서 직접 반박하신 적이 있다(눅 13:4-5; 요 9:1-3).

예수님의 이 말씀은 우물가에서 사마리아 여인과 나누신 대화의 핵심 내용과 같은 맥락으로 이해할 수 있다(요 4장). 또 간음한 여인을 정죄하지 않고 보내시면서 하신 말씀과도 상통한다(요 8:11). 그분이 오신 목적이 이적을 행하는 것이 아니라 복음을 전하는 것임을 줄곧 강조하신 사실과도 연결된다(마 12:39; 막 1:38; 2:2). 다시 말해 그분은 언제나 우리에게 가장 필요한 것에 초점을 맞추신다.

모든 것을 바로잡기 위해, 예수님은 근본적인 창조질서로부터 시작하셔야 했다. 그분은 우리를 제자리로 옮기신다. 그분의 사역에는 십자가가 어른거린다. "너는 하나님이 아니다."라는 말씀이 귓전을 울린다. "네 죄 사함을 받았느니라."라는 말씀도 그런 메시지를 전해준다.

우리가 이런저런 문제를 놓고 주님께 기도하지만 우리 마음의 진짜 문제는 감추는 경우가 많다. 우리는 종종 예수님의 치유를 간구하지만 실제로 그분이 주목하시는 것은 따로 있다.

우리는 예수께서 우리의 고통스러운 상황을 바로잡아주시기 바랄 뿐, 그분의 복음에서 제시되는 근원적인 수술은 원치 않을 때가 많다. 그래서 우리는 무화과 이파리들만 무성히 쌓는다. 중풍병자에게 "네 죄 사함을 받았느니라"고 하신 말씀은 육체적인 건강보다 훨씬 더 중요한 것이 있음을 상기시킨다.

예수님은 그 사람에게 가장 큰 선물을 주셨다. 그것은 바로 영원한 용서다. 나머지는 부수적인 것에 불과하다.

만일 예수께서 그 사람의 육체만 고쳐주셨다면 어떻게 되었을까? 물론 죽는 날까지 기뻐했겠지만, 그 후에는 영원한 고통을 맞았을 것이다. 아니면 예수께서 그 사람의 병을 고쳐주지 않으시고 죄 사함만 받게 하셨다면 어떻게 되었을까? 그는 평생 불구자로 살다가 죽었겠지만, 부활 때에는 상상할 수 없을 만큼 큰 기쁨으로 춤출 것이다.

예수께서 우리의 몸을 치료하시고 현실적인 축복을 주실 때, 자신의 속죄사역, 장래의 부활, 그리고 새 하늘과 새 땅에서 누릴 무한한 축복의 이정표도 함께 제시하신다. 그분은 우리가 표적만 보지 않고 그 표적이 가리키는 것을 주시하기 원하신다. 그분이 종종 우리에게 현실적인 축복을 허용하지 않으시는 것도 이 때문이다. 예수님의 치유를 원했던 사람 모두가 치유받은 것은 아니지만 그를 신뢰했던 자들 모두가 영원한 구원을 얻은 것은 확실하다.

예수님의 교훈들은 지키기 힘들고, 때로 큰 고난을 요구한다. 하지만 그 모든 것은 우리의 기쁨을 위한 것이며, 궁극적으로 영원한 생명을 제공한다.

또한 하나님의 나라는 흔들리지 않고 불멸하며 그 어떤 대적에 의해서도 정복되지 않는다. 무적의 그리스도가 그 나라의 왕이시다. 만일 우리 마음이 자신의 왕국에 몰두한다면, 모든 것이 제자리를 찾을 때 자신의 어두운 내면을 반영하는 바깥 어두운 곳으로 쫓겨날 것이다.

예수님은 종교 지도자들의 생각을 꿰뚫어보셨다.

"그들이 속으로 이렇게 생각하는 줄을 예수께서 곧 중심에 아시고 이르시되 어찌하여 이것을 마음에 생각하느냐 중풍병자에게 네 죄 사함을 받았느니라 하는 말과 일어나 네 상을 가지고 걸어가라 하는 말 중에서 어느 것이 쉽겠느냐"(막 2:8-9).

이것은 난처한 질문이다. 일반적으로 사람들은 "네 죄 사함을 받았느니라"라는 말이 더 쉽다고 생각할 것이다. 왜냐하면 치유 이적은 가시적인 능력을 필요로 하는 반면, 구원받았는지의 여부는 겉으로 보이지 않기 때문이다.

그러나 실제로는 "네 죄 사함을 받았느니라"가 더 어려운 말이다. 그것은 하나님만이 하실 수 있는 일이기 때문이다.

이적은 역사 전반에 걸쳐, 심지어 성경시대에도 극히 드물었다. 물론 성경에는 초자연적인 능력과 접촉한 사람들에 의해 이적이 나타난 사례가 있다. 이를테면 바로의 술객들은 사탄적인 이적들을 행했다. 그리고 예수님은 이런 이적을 경계하셨다.

중풍병자를 고치시면서 예수님은 이 모든 것을 감안하셨다. 그 중풍병자에게 이미 베푸신 무한한 은혜에 또 다른 은혜를 더하심으로써, 이적이 그것을 베푸는 분의 영광을 나타내기 위함임을 밝히셨다.

"그러나 인자가 땅에서 죄를 사하는 권세가 있는 줄을 너희로 알게 하려 하노라 하시고 중풍병자에게 말씀하시되 내가 네게 이르노니 일어나 네 상을 가지고 집으로 가라 하시니 그가 일어나 곧 상을 가지고 모든 사람 앞에서 나가거늘 그들이 다 놀라 하나님께 영광을 돌리며 이르되 우리가 이런 일을 도무지 보지 못하였다 하더라"(10-12절).

하나님의 은혜를 경험한 자가 춤을 추면서 밖으로 나갈 때 사람들은 마치 홍해처럼 갈라졌을 것이다. 마가복음 2장 1절에 의하면 예수님은 '집에' 계셨다. 많은 사람이 이 집을 예수님의 집으로 이해한다. 그러나 레위의 집으로 보는 것이 더 적절하다. "인자는 머리 둘 곳이 없다"(마 8:20)고 말씀하신 것을 고려하더라도 말이다.

예수께서 오늘날의 '노숙자'처럼 생활하셨는지에 대해서는 뭐라고 단정하기 힘들다. 어쨌든 마가복음 2장 1절에 나온 '집'에서 예수님은 자신의 가정 같은 느낌을 받으신 것 같다. 지붕을 뜯고 환자를 달아내린 후 예수께 도움을 구하는 것은 상식적으로 납득하기 힘든 광경이다. 호된 질책이나 법적 책임을 각오해야 할 행동이고 뻔뻔스러운 모습이다. 아마도 예수께서 사하신 죄에 그 행동도 포함될 것이다.

전통적으로 지상에서 하나님의 집으로 간주된 곳은 성전이었고, 그곳에는 허락 없이 함부로 들어갈 수 없었다. 하지만 성전보다 더 크신 분이 여기 계시다. 예수께서 모든 것을 제자리로 돌리고 바로잡으신다. 문이 활짝 열렸다. 영광의 소망이 하늘로부터 임하셨다. 그분이 자신의 집을 떠나 속죄사역을 통해 우리에게 오셨다. 성전의 지붕을 뜯고 지성소의 휘장을 찢으심으로써 우리를 하나님의 영광 가운데로 이끌며 우리와 함께 거하신다.

모든 것을 '좋게' 하신다

예수께서 중풍병자를 치유하시자, 그곳에 모인 사람들이 다 놀라 하나님께 영광을 돌리며 "우리가 이런 일을 도무지 보지 못하였다"고 말했다(막 2:12). 주님은 새 창조를 행하시며, 우리가 그것이 얼마나 좋은지를 지켜보기 원하신다. 그분이 귀 먹고 말 더듬는 데가볼리 사람을 치유하셨을 때도 사람들은 유사한 반응을 보였다. 마가복음 7장에 수록된 그 이야기는 이렇게 시작된다. "사람들이 귀 먹고 말 더듬는 자를 데리고 예수께 나아와 안수하여 주시기를 간구하거늘"(32절).

여기서 '사람들'이란 지붕을 뜯고 중풍병자를 달아내렸던 사람들 같은 환자의 친구들일 수 있다. '사람들'을 예수께 데려가는 것은 큰 사랑의 표현이며, 그분의 능력을 깊이 신뢰하는 행동이다. 오늘날 우리는 다른 사람들을 위해 중보하며, 그들에게 자비를 베풀어주실 것을 예수께 간구할 수 있다.

이 경우 예수께서는 환자를 따로 데리고 무리를 떠나신다(33절). 아마 그 사람과의 개인적인 접촉을 강화하시기 위함일 것이다. 우리도 주님 한 분만 마주해야 할 때가 있다. 물론 예수께서 사람들의 눈에 마법사처럼 보이길 원치 않으셨을 수도 있다. 그분의 이적은 단지 사람들의 감탄을 유발하기 위함이 아니라 다음과 같은 고백을 이끌어내기 위한 것이다. "주 여호와여 주께서 큰 능력과 펴신 팔로 천지를 지으셨사오니 주에게는 할 수 없는 일이 없으시니이다"(렘 32:17). 이 사실은 마가복음 7장 36절에서도 분명하게 드러난다.

예수께서 그 사람을 치유하신 방법은 매우 인상적이다. "손가락을 그의 양 귀에 넣고 침을 뱉어 그의 혀에 손을 대시며"(33절). 이 방법을 사용하신 이유를 설명하는 건 쉽지 않다. 당시 이 방식과 연관된 유사한 의식이 있었는지도 불확실하다. 가장 유사한 성경 내용은 요한복음 9장과 마가복음 8장에 수록된 예수님의 소경 치유 기사다. 전자의 경우, 예수님은 침에 이긴 진흙을 소경의 눈에 바르셨고, 후자의 경우에는 소경의 눈에 직접 침을 뱉으셨다. 예수께서 손가락을 환자의 귀에 넣은 것은 말을 알아듣지 못하는 그 사람에게 단지 자신이 하고 있는 일을(귀 먹은 것을 고치심을) 알리시기 위함일 수 있다. 하지만 침을 사용하신 것은 이해하기 쉽지 않은 행동이다.

예수께서 자신의 침에 손을 댄 것은 성육신의 의의를 상징적으로 선언하신 행동일 수 있다. 그분의 이적들이 하나님의 의도에 맞는 세상의 모습을 보여주듯, 이 행동은 예수님 자신의 완벽한 혀와 그 사람의 정상적이어야 할 혀를 연관시키신 것일 수 있다. 청각장애나 시각장애, 그리고 언어장애는 모두 우리가 손상된 세상에 살고 있음을 보여주는 표지들이다. 새 하늘과 새 땅에는 이런 장애가 없을 것이다.

따라서 예수께서 누군가를 치유하실 때 우리는 그분을 주시한다. 그는 모든 것이 치유되어 더 이상 치유가 필요 없는 때와 장소를 들여다보게 하신다. 예수님을 믿는 사람들이 그분을 완벽하게 반영하는 영화로운 모습으로 변화될 날이 이를 것이다. 따라서 예수님은 이렇게 말씀하시는 셈이다. "네 혀가 내 혀처럼 되어 정상적으로 움직일 것이다."

"하늘을 우러러 탄식하시며 그에게 이르시되 에바다 하시니 이는 열리라는 뜻이라 그의 귀가 열리고 혀가 맺힌 것이 곧 풀려 말이 분명하여졌더라" (막 7:34-35).

나는 모든 것이 완벽하게 치유되어 마치 제임스 얼 존스와 같은 목소리로 성경을 암송하는 그 사람의 모습을 상상하곤 한다.

우리는 갖가지 구원과 치유를 고대하며, 그것을 얻기 위해 하나님께 지속적으로 간구한다. 하지만 우리가 하늘에서 누리는 기쁨은 그런 것과 비교할 수 없을 것이다. 우리의 귀가 열리고 혀가 풀리며 질병과 죽음이 사라질 것이다. 눈 깜짝할 사이에 우리가 영화로운 존재로 변할 것이다. 하나님께서 나의 육체적인 질병을 고쳐주실 때 나는 몹시 기쁘다. 그러나 언젠가 더 큰 기쁨을 누리게 될 것이다.

이 이적들은 천국으로 열린 창이며, 그곳에서는 모든 것이 늘 좋다. 천국이 이 세상으로 강력히 밀려들고 있다.

이 치유 기사에서 사람들이 보인 반응은 중풍병자를 치유하셨을 때의 반응을 연상시킨다. "사람들이 심히 놀라 이르되 그가 모든 것을 잘하였도다 못 듣는 사람도 듣게 하고 말 못하는 사람도 말하게 한다 하니라"(막 7:37). 하지만 그것은 시작일 뿐이다. 하늘을 우러러 "에바다……열리라"고 하실 때(34절), 예수님은 눈과 귀에 대해서뿐 아니라 천국에 대해서도 말씀하신 것이다. 즉 그분은 하늘이 열리며 하늘의 영광이 비취라고 명하셨다.

아버지의 뜻에 따라 하늘의 왕이요 모든 피조물 중 처음 나신 아들이 이 땅에 오셨다. 하늘이 열리고 하나님이 사람의 육체를 입으셨다. 이 이적들을 통해, 하늘이 열리고 죽음 이후의 새 삶이 어렴풋이 드러났다. 예수님의 삶과 사역은 하늘이 열리고 그 나라가 이 땅에 임하여 모든 것을 새롭게 함을 보여준다. 그분은 귀 먹은 자를 듣게 하고 말 못하는 자를 말하게 하실 뿐 아니라, 요한계시록 21장 5절 말씀대로 만물을 새롭게 하신다!

또한 그분은 모든 것을 좋게 하고 모든 것을 잘하신다. 그가 하시는 일은 언제나 새롭다. 생명을 주실 때에는 풍성히 주신다(요 10:10). 그분이 주시는 짐과 멍에는 가볍고 쉽다(마 11:30). 지친 자에게는 쉼을 제공하신다(28절). 매인 자들을 참으로 자유롭게 하신다(요 8:36). 또 우리를 의롭게 하고 성결하게 하며 영화롭게 하신다. 그분의 사역으로 우리가 하나님의 자녀가 되고 하나님과 연합하며 화목해진다. 그렇게 그분은 모든 것을 잘하신다.

이제 우리의 삶을 돌아보자. 우리가 골짜기를 헤맬 때 주께서 우리를 건져내셨다. 그분의 자비는 아침마다 새롭다(애 3:22-23). 그분의 일관된 사랑이 영원히 지속된다(시 100:5). 그분의 약속은 "예"와 "아멘"이 된다(고후 1:20). 그분은 우리를 방치하거나 버리지 않으신다(히 13:5). 그 무엇도 하나님의 사랑으로부터 우리를 분리하지 못한다(롬 8:39). 그 누구도 우리를 하나님의 손에서 낚아채지 못한다(요 10:28). 그분은 세상 끝날까지 항상 우리와 함께하신다(마 28:20). 그는 모든 것을 잘하신다.

그러므로 골짜기만 보지 말고 산들도 보자. 그분이 우리에게 기쁨의 높은 산도 주셨다. 그분의 오른팔에는 영원한 기쁨이 있다(시 16:11). 표현할 수 없는 기쁨과 가득한 영광으로 우리를 채우신다(벧전 1:8). 주를 기뻐하는 것이 우리의 힘이다(느 8:10). 그분은 우리의 발을 사슴 발 같게 하시고, 우리를 높은 곳에 안전히 세우시며(시 18:33), 독수리 날개로 우리를 높이 드신다(사 40:31). 또 우리를 거듭 구원하시고 예상했던 승리와 예기치 않은 승리를 얻게 하신다. 그분은 모든 것을 잘하신다.

우리 생애를 통해 엿볼 수 있는 그분의 신실하심이라는 장엄한 봉우리와 천상의 빛으로 반짝이는 눈 덮인 정상들을 보면서, 우리는 그 모든 것 위에 우뚝 서 계신 분을 본다. 하나님의 신실함의 봉우리들 중 가장 높은 곳, 에베레스트 산 같은 봉우리인 골고다 언덕을 본다. 거기서 그리스도께서 우리 죄를 지고 십자가 죽음을 당하셨다. "거의 다 이루었다"거나 "이제 시작되었다"라고 하지 않으시고 "다 이루었다"고 말씀하셨다.

그분은 모든 것을 가장 '좋게' 만드신다.

THE WONDER WORKING GOD

6. 보는 것과 믿는 것

보는 것과 깨닫는 것에는 차이가 있다.

2012년에 내 동생 제레미와 그의 사랑스러운 신부 다니엘이 결혼할 때 내가 사회를 보았다. 아름다운 신부와 아버지가 정면 통로 끝에 나란히 모습을 나타냈을 때, 감정에 북받쳐 서 있는 남동생을 나 역시 북받친 감정으로 지켜보았다. 그때 문득 1996년 6월 29일의 기억이 떠올랐다. 그날 나는 신부복을 입고 나타난 내 아내 베키를 보았다. 우리의 결혼식 날은 공식적인 첫 데이트의 세 번째 기념일이었고, 그 전에도 우리는 몇 년 동안 서로 알고 지낸 사이였다. 약 5년에 걸쳐 베키를 보았지만, 멘델스존의 '결혼행진곡'이 예배당을 가득 채운 그 아름다운 순간의 그녀는 마치 난생 처음 보는 사람 같았다. 잠언 5장 18-19절에는 아들을 향한 아버지의 권면이 나온다. "네 샘으로 복되게 하라 네가 젊어서 취한 아내를 즐거워하라……" 요즘 들어 나는 아내를 보면서 가끔 이런 생각을 한다. '좋으신 주님, 이 아름다운 사람을 어떻게 만드셨나요? 어떻게 이 사람을 나랑 연결시켜주셨나요!'

결혼 직전에 나는 아버지와 얘기를 나누면서 "사랑이 식으면 어떻게 하죠?"라고 농담 삼아 질문했다. 그러자 아버지는 "그러면 곧바로 다시 사랑에 빠지면 되지."라고 하셨다. 하나님의 은혜로, 그리고 내 아내의 사랑스러움 덕분에 그녀와의 사랑이 식는 건 힘들고, 그 사랑에 취하긴

쉬었다. 하지만 아버지의 말씀은 여전히 귀한 조언이다.

최근에 나는 결혼식 날 자신의 신부를 보고 감격하는 신랑의 사진들을 일부러 찾아본 적이 있다. 그 사진들을 떠올리고 내 결혼식과 내 동생의 결혼식, 그리고 다른 사람들의 결혼식 날을 생각하면서, 기쁠 때나 슬플 때나, 부유할 때나 가난할 때나, 병든 때나 건강할 때나 죽음이 두 사람을 갈라놓을 때까지 끝까지 서로 사랑할 것이라는 결혼 서약을 생각하면서, 하와를 처음 보았을 때 아담이 했던 말을 상기했다.

"아담이 이르되 이는 내 뼈 중의 뼈요 살 중의 살이라 이것을 남자에게서 취하였은즉 여자라 부르리라 하니라"(창 2:23).

인류 최초의 노래는 연가다. 아담은 처음 본 아내의 모습에 홀딱 반했고, 그 입에서 절로 노래가 나왔다.

순결한 흰색 드레스를 입은 신부를 맞는 신랑의 모습은 마지막 날에 교회의 신랑으로 나타나실 그리스도의 모습을 연상시킨다. 그때 우리는 그분의 풍성하신 은혜로 받은 순결한 의의 예복을 입을 것이며, 그 혼인의 기쁨은 영원토록 지속될 것이다. 어린 양은 자신의 고난과 사랑에 대한 대가를 받으실 것이다. 그 대가란 그분의 흠 없는 신부의 무한하고 신실한 헌신이다. "신랑이 신부를 기뻐함같이 네 하나님이 너를 기뻐하시리라"(사 62:5).

이적들로 표현된 예수님의 영광에는 이와 같은 부부간의 기쁨이 내포되어 있다. 그러나 남편이 눈을 크게 뜨고 아내를 보면서도 그녀를 자신의 신부로 보지 않을 수 있듯이, 우리도 예수님의 이적들을 보면서 그 의미를 깨닫지 못할 수 있다. 복음서에는 예수님의 네 차례 소경 치유 사례가 기록되어 있다. 이들 치유 기사가 흥미로운 점은 단순히 예수님의 소경 치유 능력에 관한 정보 제시에 그치지 않고 교리적인 메시지와 연결되고 있다는 것이다.

깊은 인식

베데스다에서의 소경 치유 기사는 마가복음에만 나오지만, 이 치유 사건에서 비롯된 예수님과 베드로의 중요한 대화는 모든 공관복음서에서 발견된다. 마가복음에 수록된 이야기는 그리스도에 관한 참된 정보 앞에서 우리 나름의 그럴듯하지만 이기적인 생각이 논파될 수밖에 없음을 상기시킨다.

"벳새다에 이르매 사람들이 맹인 한 사람을 데리고 예수께 나아와 손대시기를 구하거늘 예수께서 맹인의 손을 붙잡으시고 마을 밖으로 데리고 나가사 눈에 침을 뱉으시며 그에게 안수하시고 무엇이 보이느냐 물으시니"(막 8:22-23).

예수께서 소경의 눈에 침을 뱉으신다. 오늘날과 마찬가지로 예수님 당시에도 사람에게 침을 뱉는 것은 친애의 표시가 아니었다. 즉 로마 군

병들이 예수님께 침을 뱉은 것은 축복하기 위해서가 아니다(마 27:30). 물론 예수께서 소경의 눈에 직접 침을 뱉으신 것이 아니라 자신의 침을 묻힌 손을 소경의 눈에 대셨을 수도 있다. 그러나 "눈에 침을 뱉으시며"라는 표현을 그런 식으로 해석하기는 힘들다. 또 "그에게 안수"하심을 별도로 언급한 것 역시 그 소경의 눈에 직접 침을 뱉으셨음을 암시한다.

왜 그렇게 하셨을까? 사람이 그리스도의 수치와 멸시를 기꺼이 감수하기 전까지는 진정한 깨달음을 얻을 수 없음을 상기시키시기 위함일 수 있다. 혹은 다른 소경의 치유 사례에서처럼, 하나님의 입으로 사람에게 생기를 불어넣으셨던 창조행위와 이 새 창조행위를 연결시키시기 위함일 수도 있다.

"쳐다보며 이르되 사람들이 보이나이다 나무 같은 것들이 걸어가는 것을 보나이다 하거늘"(막 8:24).

그 사람이 나무 모양을 어떻게 알고 있었는지는 알 수 없다. 그가 태어날 때부터 눈이 멀었던 건 아니거나, 나무를 손으로 만져본 것으로 그 모양을 짐작하고 있었을지도 모른다.

"이에 그 눈에 다시 안수하시매 그가 주목하여 보더니 나아서 모든 것을 밝히 보는지라"(25절).

예수는 도중에 그만두지 않으신다. 언제나 일을 마무리하신다. 25절에는 우리의 구원과 관련된 영적 진리가 들어 있다. "너희 안에서 착한 일을 시작하신 이가 그리스도 예수의 날까지 이루실 줄을 우리는 확신하노라"(빌 1:6).

소경 치유의 두 국면은, 때로 우리가 볼 수는 있지만 깨닫지 못하는 영적 실재를 암시한다. 이사야에게 주어진 위임 명령 속에도 이런 메시지가 담겨 있다. "가서 이 백성에게 이르기를 너희가 듣기는 들어도 깨닫지 못할 것이요 보기는 보아도 알지 못하리라 하여"(사 6:9). 예수님도 자신이 비유로 말씀하신 이유가 바로 이 때문이라고 하셨다(마 13:13). 열 명의 한센병자를 치유하신 기사에서도 이 사실을 엿볼 수 있다(눅 17:11-19). 열 명 모두가 육체적으로 치유받았으나 예수님 앞에 엎드려 기쁨과 감사를 표한 사람은 한 명뿐이며, 예수님은 그의 죄가 사해졌음을 선언하셨다. 다시 말해 열 사람 모두가 치유받았지만, 그 치유의 의미를 깨달은 사람은 한 명뿐이었다.

어떤 사람이 예수님을 구주로 고백하면서도 그분을 따르지 않거나, 예수님을 따르려고 하지만 구주로 고백하지 않을 수 있다. 둘 다 예수님을 제대로 이해하지 못한 것이다. 우리가 예수님을 제대로 이해하면 변화되기 마련이다(고후 3:18).

이야기는 다음의 구절로 이어진다. "예수께서 그 사람을 집으로 보내시며 이르시되 마을에는 들어가지 말라 하시니라"(막 8:26). 그리고 이러한 당부는 이후에도 여러 차례 나온다(30절 참조).

소위 메시아적 비밀에 대해 여기서 상세히 언급할 수는 없다. 다만 예수님께서 일종의 마법사로 보이길 원치 않으셨다는 사실만은 분명하다. 그리고 마가복음 8장 26절의 당부는 베드로의 유명한 고백과도 연결된다.

"예수와 제자들이 빌립보 가이사랴 여러 마을로 나가실새 길에서 제자들에게 물어 이르시되 사람들이 나를 누구라고 하느냐 제자들이 여짜와 이르되 세례요한이라 하고 더러는 엘리야, 더러는 선지자 중의 하나라 하나이다"(27-28절).

오늘날에도 예수님에 관한 견해가 매우 다양하다. 많은 사람이 자신의 심상으로 만든 예수를 섬긴다.

"또 물으시되 너희는 나를 누구라 하느냐"(29절).

이것은 모두가 직면해야 하는 가장 중요한 질문이다. 당신이 예수님에 관해 믿는 것은 무엇인가? 당신은 예수님을 누구라고 말하는가? 선한 선생님인가? 품위 있는 철학자인가? 사회개혁가인가? 하나님으로부터 보내심받은 분인가? 여기서 중요한 것은 '당신의 교회에서 예수님을 누구라 하는가?' '당신의 어머니나 아버지는 예수님을 누구라 하는가?' 가 아니라 '당신은 예수님을 누구라 하는가?' 이다.

"베드로가 대답하여 이르되 주는 그리스도시니이다 하매"(29절).

예수는 그리스도시다. 기름부음 받은 분이시다. 메시아이시다. 왕이시다. 마태복음은 예수께서 베드로의 고백을 칭찬하시며 그의 고백을 교회의 '반석'으로 삼으시는 내용을 포함하여 대화 내용을 상세히 기록한다(마 16:17-19). 물론 베드로가 마가에게 그 대화 내용을 포함시키지 말도록 겸양 차원에서 당부했을 거라고 보는 견해도 있다(마가복음 8장 33절에는 예수께서 베드로를 질책하시는 내용이 나온다).

"이에 자기의 일을 아무에게도 말하지 말라 경고하시고"(30절).

이렇게 하신 이유가 무엇일까? 그들이 여전히 벙어리요 소경이기 때문이다. 그들은 보아도 온전히 보지 못한다. "나무 같은 것들이 걸어가는 것"을 볼 뿐이다. 아직은 제대로 보지 못한다. 예수님을 메시아로 고백하지만, 메시아 되심이 무엇을 뜻하는지는 아직 모른다.

여기서 마가복음의 주요 국면에 이른다. 십자가가 기사 전면에 자주 등장하기 시작하고, 마가는 갈보리를 향한 걸음을 재촉한다.

"인자가 많은 고난을 받고 장로들과 대제사장들과 서기관들에게 버린 바 되어 죽임을 당하고 사흘 만에 살아나야 할 것을 비로소 그들에게 가르치시되 드러내놓고 이 말씀을 하시니 베드로가 예수를 붙들고 항변하매"(막 8:31-32).

6. 보는 것과 믿는 것

이 구절은 베드로가 메시아의 도래를 어떻게 이해했는지를 보여준다. 어찌 된 일인지 이사야 53장이나 시편 22편 같은 내용은 자취를 감추었다. 메시아는 압제자들을 타도하고 군사력으로 지상의 질서를 회복시킬 분으로 기대되었다. '죽임 당하시는 메시아'란 받아들이기 힘든 이야기였다.

> "예수께서 돌이키사 제자들을 보시며 베드로를 꾸짖어 이르시되 사탄아 내 뒤로 물러가라 네가 하나님의 일을 생각하지 아니하고 도리어 사람의 일을 생각하는도다 하시고"(막 8:33).

사실 우리는 십자가 없는 예수를 받아들이려 한다. 그리고 그리스도인의 삶이 고난보다는 위안에 초점을 맞춘 것이어야 한다고, 또 우리가 본질적으로 선하기 때문에 구원받는다고 생각한다.

그러나 십자가 없는 구주는 구주가 아니며, 십자가 없는 메시아는 메시아가 아니다. 십자가 없는 왕도 왕이 아니다. 따라서 십자가 없는 예수를 받아들이려는 것은 사탄적인 태도다. 즉 그리스도의 십자가를 배제하고 그리스도를 받아들이는 것은 마귀와 짝하는 것이다.

마태복음 7장 21-23절에 의하면, 마지막 날에 많은 사람이 예수께 이런 식으로 말할 것이다. "주여, 우리가 주의 이름으로 귀신을 쫓아내지 않았습니까? 우리가 주의 이름으로 선한 일을 행하지 않았습니까? 우리가 주를 따른다고 공언하지 않았습니까? 주를 사랑한다고 말하지 않있습니까? 교회에 다니지 않았습니까? 선거 때 그리스도인들을 찍지 않았습니까? 라디오로 기독교방송을 듣지 않았습니까? 성경을 지니고 다니지 않았습니까?" 그러면 예수님은 "내가 너희를 도무지 알지 못하니 내게서 떠나가라"고 하실 것이다.

왜일까? 그들이 십자가 없는 예수를 찾으려 했기 때문이다.

어떤 사람들은 "아니, 그렇지 않아요. 나는 예수께서 나를 위해 십자가에서 죽으신 것을 알아요."라고 말할 것이다. 그러나 문제는 실제로는 그들이 결코 그분과 함께 죽지 않았다는 것이다(롬 6:6; 갈 2:20, 6:14).

예수님은 제자들에게 일종의 플래쉬포워드(flash-forward, 이야기 도중 미래의 한 장면을 삽입하는 표현 기법이나 그 장면-역주)를 통해 자신의 성육신 사역의 핵심을 얼핏 들여다보게 하신다. 그것은 다음과 같이 매우 놀라운 내용이다.

"무리와 제자들을 불러 이르시되 누구든지 나를 따라오려거든 자기를 부인하고 자기 십자가를 지고 나를 따를 것이니라 누구든지 자기 목숨을 구원하고자 하면 잃을 것이요 누구든지 나와 복음을 위하여 자기 목숨을 잃으면 구원하리라"(막 8:34-35).

하나님은 새로운 PR 회사를 찾고 계시지 않는다. 팬을 구하지도 않으신다. 단지 삶의 옛 방식(사망으로 이끄는 길)에 대해 기꺼이 죽고 십자가의 길(생명으로 이끄는 길)을 따르는 사람들을 찾고 계신다.

그리스도에 대한 우리의 반응은 그분의 구원을 어떤 관점에서 보는지와 직결된다. 만일 이적을 행하시는 분을 보지 않고 그 이적들만 본다면, 우리는 구원에 필수적인 비전을 놓치고 있는 것이다.

마가복음 8장은 우리가 깨달음 없이도 볼 수 있음을 분명히 밝힌다. 하지만 보지 않고 깨달을 수는 없다. 레이 오틀런드는 "하나님의 영광을 알 때까지 그것을 주시하라"고 말한다.

영적 맹인

우리가 좀 더 안전해지기 위해서는 가능한 한 빨리 영적 문제를 처리하는 것이 중요하다. 요한복음 9장에 수록된, 나면서 맹인 된 자의 치유에 관한 기사가 이 중요한 교훈을 뒷받침해준다. 그릇된 비전은 영원한 재앙을 초래할 수 있다.

"예수께서 길을 가실 때에 날 때부터 맹인 된 사람을 보신지라 제자들이 물어 이르되 랍비여 이 사람이 맹인으로 난 것이 누구의 죄로 인함이니이까 자기니이까 그의 부모니이까 예수께서 대답하시되 이 사람이나 그 부모의 죄로 인한 것이 아니라 그에게서 하나님이 하시는 일을 나타내고자 하심이라 때가 아직 낮이매 나를 보내신 이의 일을 우리가 하여야 하리라 밤이 오리니 그때는 아무도 일할 수 없느니라 내가 세상에 있는 동안에는 세상의 빛이로라 이 말씀을 하시고 땅에 침을 뱉어 진흙을 이겨 그의 눈에 바르시고 이르시되 실로암 못에 가서 씻으라 하시니(실로암은 번역하면 보냄을 받았다는 뜻이라) 이에 가서 씻고 밝은 눈으로 왔더라"(요 9:1-7).

앞에서 말한 것처럼 복음서의 모든 치유 기사는 교리적인 메시지를 동반한다. 이 이야기에서 예수님의 가르침은 '자기 의'(self-righteousness)라는 영적 논리를 질타한다.

성경은 세상에 질병과 장애가 있는 원인이 죄임을 분명히 밝힌다. 다시 말해 세상은 죄 때문에 망가졌다. 하지만 특정한 사람의 질병이나 장애가 그 사람의 개인적이고 직접적인 죄의 결과라고 말할 수는 없다. 달리 말해, 어떤 사람이 뇌종양으로 고통당하는 건 타락한 세상에서 살기 때문이지 그 사람의 개인적인 죄의 결과가 아니다. 요한복음 9장 2절에서, 제자들은 하나님의 창조에 대한 일종의 숙명론적 견해나 번영신학에 동의하는 것처럼 보인다. 그들은 그 사람이 누군가의 죄에 대한 징벌을 받아서 소경으로 태어난 것이라 생각한다. 즉 인간적인 방식의 채점에 따라 승자와 패자를 구분한다.

하지만 예수님의 가르침은 그렇지 않다. 그것은 하나님 나라의 영적 원리가 아니다. 예수님의 산상수훈은 그런 논리를 반박하기에 충분하다. 팔복을 보라. 예수님은 그런 채점표를 찢으시며 우리 모두를 실패자로 선언하신다. 또한 자신이 실패자임을 기꺼이 인정하는 자들이 승자임을 선언하신다. 그러므로 우리는 사람들의 질병이나 장애의 유무를 보고 그들의 선함과 악함, 깨끗함과 부정함을 단정할 수 없다. 그처럼 고통당하는 모습은 모든 사람의 죄와 결핍을 상기시킨다(사실 질병이나 장애로 고통당하는 사람을 볼 때, 우리는 자신의 죄를 돌아보아야 한다). 요한복음 9장의 치유는 참된 치유가 우리의 선함에서가 아니라 하나님의 선하심에서 비롯됨을 상기시킨다. 이 사실을 입증하기 위해, 예수님은 침에 이긴 진흙을 소경 치유에 사용하셨다.

이 새 창조행위 역시 태초의 창조를 떠올리게 한다. 땅의 진흙과 예수님의 침이 섞여 생명력을 발휘한다. 예수님의 이적에서 우리는 만물을 새롭게 하시는 모습을 본다.

그러나 바리새인들은 이 일과 관련하여 심각한 문제점을 드러낸다. 요한복음 9장에 의하면, 그들은 소경이었던 자의 부모를 다그치고 결국 예수님까지 비방한다. 그리고 그런 비방에 대해 예수께서 직접 대응하신다.

"예수께서 이르시되 내가 심판하러 이 세상에 왔으니 보지 못하는 자들은 보게 하고 보는 자들은 맹인이 되게 하려 함이라 하시니 바리새인 중에 예수와 함께 있던 자들이 이 말씀을 듣고 이르되 우리도 맹인인가 예수께서 이르시되 너희가 맹인이 되었더라면 죄가 없으려니와 본다고 하니 너희 죄가 그대로 있느니라"(39-41절).

바리새인들의 시각은 매우 빈약하다. 자신과 치유받은 사람과 예수님에 대한 그들의 평가는 순전히 엉터리다. 예수께서 그 사실을 지적하신다. 어떤 사람을 포함시키고 배제시킬지를 결정하려면 먼저 평가가 정확해야 한다. 만일 자신을 올바로 평가한다면 그들은 자신들이 영적 소경임을 알 것이다. 그리고 예수님을 올바로 평가한다면, 그분이 측정할 수 없을 만큼 큰 영광을 지닌 세상의 빛이심을 알 것이다. 이 두 가지를 보기 전까지는 결코 제대로 보지 못할 것이다.

영광에 대한 참된 시각

우리 대부분은 자기 자신에 대한 생각으로 가득하다. 자신을 매우 영예로운 존재로 여긴다. 성경을 통해 우리는 이런 시각이 위험하고 어리석다는 것을 알 수 있다. 자신의 시각에 사로잡힐 때, 예수님을 섬기려는 우리의 시도마저 사리사욕과 허영으로 오염된다.

소경 바디매오 치유 기사에서 이 사실이 분명해진다. 마가는 이 이야기를 야고보와 요한의 교만한 요청과 지혜롭게 연결시킨다.

"예루살렘으로 올라가는 길에 예수께서 그들 앞에 서서 가시는데 그들이 놀라고 따르는 자들은 두려워하더라 이에 다시 열두 제자를 데리시고 자기가 당할 일을 말씀하여 이르시되 보라 우리가 예루살렘에 올라가노니 인자가 대제사장들과 서기관들에게 넘겨지매 그들이 죽이기로 결의하고 이방인들에게 넘겨주겠고 그들은 능욕하며 침 뱉으며 채찍질하고 죽일 것이나 그는 삼일 만에 살아나리라 하시니라"(막 10:32-34).

여기서 주목을 끄는 것은, 제자들이 두려워하고 예수께서 그들에게 두려운 이야기를 하셨다는 점이다. 예수님은 제자들을 응석받이나 마마보이로 만들지 않으신다. 만사형통이라고도 말하지 않으신다. 형통하지 않을 때도 있을 것이다.

젊은 부자 관원을 만나신 이야기(막 10:17-31) 바로 뒤에 본문의 두려운 말씀이 연결된다는 점을 고려할 때, 이어지는 내용은 훨씬 더 심각할 것으로 짐작된다.

"세베대의 아들 야고보와 요한이 주께 나아와 여짜오되 선생님이여 무엇이든지 우리가 구하는 바를 우리에게 하여 주시기를 원하옵나이다 이르시되 너희에게 무엇을 하여 주기를 원하느냐"(35-36절).

마태복음에서는 야고보와 요한의 어머니가 예수께 요청하는 것으로 되어 있다(마 20:20-28). 자세한 내용을 생략한 마가의 기록이 야고보와 요한을 더 좋게 보이려 함인지 더 나쁘게 보이려 함인지 단정할 수는 없지만, 나는 전자로 본다.

"여짜오되 주의 영광중에서 우리를 하나는 주의 우편에, 하나는 좌편에 앉게 하여 주옵소서"(막 10:37).

이 요청은 참으로 황당해 보인다. 교만하고도 무식해 보인다. 하지만 우리도 이렇게 간구하는 경우가 허다하다. 자기만족과 개인의 야심을 채우기 위해 간구하는 경우가 많다. 우리는 종종 십자가 없는 영광을 원한다.

"예수께서 이르시되 너희는 너희가 구하는 것을 알지 못하는도다 내가 마시는 잔을 너희가 마실 수 있으며 내가 받는 세례를 너희가 받을 수 있느냐 그들이 말하되 할 수 있나이다. 예수께서 이르시되 너희는 내가 마시는 잔을 마시며 내가 받는 세례를 받으려니와 내 좌우편에 앉는 것은 내가 줄 것이 아니라 누구를 위하여 준비되었든지 그들이 얻을 것이니라"(38-40절).

여기서 예수님이 언급하시는 잔은 하나님의 진노의 잔이다. 즉 그분이 견뎌내셔야 하는 죽음을 가리킨다.

달리 말해, 예수님은 개인적인 승리와 진급을 바라는 그들의 흐릿한 시각을 바로잡으려 하셨다. "나는 메달이나 트로피를 수려고 온 것이 아니라 십자가를 주러 왔다."

이 사실을 우리는 분명히 깨달아야 한다. 그러지 않으면 결코 기독교를 이해하지 못할 것이다. 기독교의 중심에는 언제나 그리스도의 죽음이 있다. 그분의 죽으심은 우리의 생명이다. 우리는 종종 십자가를 배제한 영광과 희생제물 없는 성전 제사를 모색한다. 그런 태도에 대해 바울은 이렇게 말한다.

"십자가의 도가 멸망하는 자들에게는 미련한 것이요 구원을 받는 우리에게는 하나님의 능력이라 기록된 바 내가 지혜 있는 자들의 지혜를 멸하고 총명한 자들의 총명을 폐하리라 하였으니 지혜 있는 자가 어디 있느냐 선비가 어디 있느냐 이 세대에 변론가가 어디 있느냐 하나님께서 이 세상의 지혜를 미련하게 하신 것이 아니냐 하나님의 지혜에 있어서는 이 세상이 자기 지혜로 하나님을 알지 못하므로 하나님께서 전도의 미련한 것으로 믿는 자들을 구원하시기를 기뻐하셨도다 유대인은 표적을 구하고 헬라인은 지혜를 찾으나 우리는 십자가에 못 박힌 그리스도를 전하니 유대인에게는 거리끼는 것이요 이방인에게는 미련한 것이로되 오직 부르심을 받은 자들에게는 유대인이나 헬라인이나 그리스도는 하나님의 능력이요 하나님의 지혜니라 하나님의 어리석음이 사람보다 지혜롭고 하나님의 약하심이 사람보다 강하니라"
(고전 1:18-25).

그리스도의 십자가를 바라보는 우리의 반응은 반감, 아니면 호감 둘 중 하나다. 그 차이는 예수님으로부터 자신의 장점에 대한 칭찬과 은혜 중 무엇을 기대하는가에 따라 결정된다.

야고보와 요한은 자리다툼을 하고 있다. 그들은 불길한 조짐을 예감하고 자신의 자리를 확보해두길 원했다. 하지만 자리다툼을 하거나 십자가 없는 영광을 구하는 것은 가장 암담하고 허망한 노릇이다. 반면, 십자가의 캄캄한 죽음을 자청하는 자는 부활과 갱신의 영원한 영광으로 들어갈 것이다.

이처럼 제자들은 자신을 높이는 데 초점을 맞추었다. 그들은 자신을 보며 자신의 눈먼 상태를 드러낸다. 다음의 내용은 그와 대조적이다.

"그들이 여리고에 이르렀더니 예수께서 제자들과 허다한 무리와 함께 여리고에서 나가실 때에 디매오의 아들인 맹인 거지 바디매오가 길가에 앉았다가 나사렛 예수시란 말을 듣고 소리 질러 이르되 다윗의 자손 예수여 나를 불쌍히 여기소서 하거늘 많은 사람이 꾸짖어 잠잠하라 하되 그가 더욱 크게 소리 질러 이르되 다윗의 자손이여 나를 불쌍히 여기소서 하는지라 예수께서 머물러 서서 그를 부르라 하시니 그들이 그 맹인을 부르며 이르되 안심하고 일어나라 그가 너를 부르신다 하매 맹인이 겉옷을 내버리고 뛰어 일어나 예수께 나아오거늘 예수께서 말씀하여 이르시되 네게 무엇을 하여 주기를 원하느냐 맹인이 이르되 선생님이여 보기를 원하나이다 예수께서 이르시되 가라 네 믿음이 너를 구원하였느니라 하시니 그가 곧 보게 되어 예수를 길에서 따르니라"(막 10:46-52).

이 대화는 세베대의 아들들과 예수님 간의 대화와 유사하면서도 대조적이다. 두 기사에 수록된 요청은 각각 다음과 같다. "무엇이든지 우리가 구하는 바를 우리에게 하여 주시기를 원하옵나이다." "나를 불쌍히 여기소서"(다른 말로 표현하면 "주께서 원하시는 대로 해주소서").

두 요청에 대해 예수님은 같은 질문을 던지신다. "네게 무엇을 하여 주기를 원하느냐?"

예수님을 따르던 야고보와 요한은 야심을 드러냈다. 자신들에게는 그럴 자격이 있다고 생각했다. 반면, 바디매오가 생각하는 건 자신의 장점이 아니라 결핍 상태다. "단지 보기를 원하나이다."

자신의 장점에 대한 칭찬을 들으려고 그리스도께 나아갈 때, 우리는 십자가에 반감을 느끼게 된다. 그러나 은혜를 구하러 나아가면 십자가에 대해 호감을 느낀다.

그리스도를 보지 못할 때, 우리는 자신이 원하는 것에서 궁극적인 만족을 얻을 수 없다는 걸 알지 못한다. 그리고 왜 그것에서 만족을 얻을 수 없는지도 깨닫지 못한다.

내가 가장 좋아하는 운동선수는 뉴잉글랜드 패트리어츠의 쿼터백 톰 브래디다. 나는 우스꽝스러울 정도로 그의 경기에 몰두한다. 그래서 친구와 가족의 놀림을 받기 일쑤다. 그럼에도 불구하고 나는 브래디의 경기를 보는 것이 너무 행복하다. 그러나 몇 년 전 CBS의 '60분'이라는 프로그램에서 진행된 스티브 크로프트와의 인터뷰를 듣고 마음이 무척 서글퍼졌다.

"저에게는 슈퍼볼 우승반지가 세 개나 있지만 여전히 더 큰 무엇에 대한 갈망이 있어요. 많은 사람이 '이봐, 우승반지보다 더 큰 게 어딨어?'라고 말할 겁니다. 물론 저는 운동선수로서의 목표와 꿈을 이루었어요. 하지만 이것으로 만족할 수가 없습니다."

그러자 크로프트가 브래디에게 물었다.

"그러면 그 답을 어디서 찾아야 할까요?"

"나도 알고 싶어요. 정말 알고 싶어요. 저는 미식축구를 좋아하고 쿼터백 포지션을 사랑합니다. 하지만 아직 저 자신에 관해 찾지 못한 게 많아요."

정말 서글픈 말이다. 특히 "삶에 관해 아직 찾지 못한 게 많아요."라고 말하지 않고 "저 자신에 관해 아직 찾지 못한 게 많아요."라고 말했다는 점에 신경이 쓰인다. 브래디는 마음속의 영원한 갈망을 만족시키기 위해 자신을 들여다보고 있는 것 같다. 그러나 허망한 것은 허망함을 채울 수 없다.

'NFL 스카우팅 컴바인'(대학미식축구 선수들이 NFL 스카우트들이 지켜보는 가운데 신체적, 정신적 테스트를 받는 일주일간의 공개 행사-역주)에 소개되었던 브래디의 사진이 있다. 웃통을 벗은 채 운동팬츠만 입고 서 있는 모습이다. 그는 근육질이 아니다. 핼쑥하고 호리호리하며 약간 멍청해 보인다. 운동선수로는 결코 완벽한 몸매가 아니다. 하지만 브래디에 대한 예상은 줄곧 빗나갔고, 많은 사람이 그를 단지 탁월한 쿼터백들 중 하나가 아니라 가장 위대한 쿼터백으로 여긴다. 스크리미지 선(경기가 시작될 때 공의 중앙을 지나 사이드라인에서 사이드라인까지 뻗는 가공의 선-역주)을 돌파하는 그의 기량이 특출하다는 것이 그 이유들 중 하나다. 그는 "미식축구의 브레인"으로 불린다. 그는 몇 초 내에 수비수들의 움직임을 재빨리 읽고, 번개처럼 빠르고 레이저처럼 정확하게 볼을 패스한다. 많은 쿼터백이 수비를 보지만, 브래디는 수비수를 '안다.'

그와 같이 브래드는 십자가를 보는 데 그치는 것이 아니라 십자가를 알아야 한다.

브래디는 부와 명성과 갈채와 성공을 거두었지만, 신앙을 고백하지 않으면 구원으로 나아가지 못한다. 자신이 원하는 것을 모두 지녔다고 만족하는 사람이 정말 위험하다. 잃어버린 바 되었는데도 그런 자신의 상태를 느끼지 못하는 사람이 많다. 자신의 야망을 어느 정도 실현한 것으로 만족하는 사람들이 많다.

보는 것과 아는 것은 별개다. 즉 인간적인 시각과 영적인 시각은 별개다. 영적인 시각은 성령의 역사를 통해 비로소 살아난다. 그러한 영적 시각을 지니려면 주님의 도우심이 있어야 한다. 소경이 자신을 고칠 순 없다.

우리 마음이 상하고, 우리의 힘이 쇠하고, 우리가 홀로임을 느끼며, 하나님께 구했던 이 땅의 모든 것이 일시적임을 알게 될 때, 높이 계신 주님을 바라보며 "저를 불쌍히 여기소서."라고 간구하자. 그리스도는 언제나 그런 요청을 들어주신다. 우리의 죄와 어리석은 요청으로부터 우리를 구해낼 수 있는 권세를 지니고 계신다. 겸손한 마음으로 오직 그분의 자비만을 구하면, 우리를 기다리는 것은 영광뿐이다.

찰스 스펄전의 회심 이야기는 보는 것과 '깨닫는 것'의 차이를 잘 보여준다.

그 주일 아침에 하나님께서 눈보라를 보내지 않으셨다면 나는 지금까지도 어둠과 절망 가운데 있을 거라는 생각을 한다. 그날 나는 어느 예배 장소로 향하고 있었다. 심한 눈보라 때문에 더 이상 나아갈 수 없었던 나는 곁길로 돌이켰고, 자그마한 감리교 예배당으로 들어가게 되었다. 그 예배당에는 10여 명이 앉아 있었다. ……그날 아침에 불어온 눈보라 때문에 예정되어 있던 설교자가 오지 않았던 것 같다. 결국 어떤 야윈 사람이 설교를 하기 위해 강단으로 향했다. 그는 제화공이나 재봉사처럼 보였다. ……성경 본문은 이사야 45장 22절이었다. "세상 모든 사람들아, 나를 바라보아라. 그러면 구원을 얻을 것이다. 나는 하나님이며 나 외에는 다른 신이 없다"(현대인의 성경).

그는 성경말씀을 정확히 읽지도 못했지만, 그건 별로 중요하지 않았다. 나는 그 구절에서 소망의 빛을 보았다. 잠시 후 설교가 시작되었다. "사랑하는 친구들이여, 이것은 매우 짧은 구절입니다. '보라'고 말합니다. 보는 것은 큰 수고를 필요로 하지 않습니다. 손이나 발을 들 필요도 없어요. 단지 보기만 하면 됩니다. 보는 법을 배우려고 대학에 갈 필요가 없습니다. 어떤 바보라도 볼 수는 있어요. 누구나 볼 수 있습니다. 어린아이도 볼 수 있죠. 하지만 본문은 '나를 바라보아라'라고 말합니다. ……많은 사람이 자신을 바라보지만 그건 아무 소용이 없습니다. 자기 자신에게서는 위안을 찾을 수 없어요. 어떤 사람들은 하나님 아버지를 바라봅니다. 나중에 그렇게 하세요. 예수 그리스도는 '나를 보라'고 말씀하십니다. 어떤 사람들은 '우리는 성령의 역사를 기다려야 한다'고 말합니다. 하지만 지금은 그리스도를 보세요. 본문은 '나를 보라'고 말합니다."

설교자는 나름의 방식으로 성경 본문을 이어갔다. "나를 보라. 나는 피땀을 흘리고 있다. 나를 보라. 나는 십자가에 달려 있다. 나를 보라. 나는 죽어 무덤에 묻혔다. 나를 보라. 나는 다시 살아난다. 나를 보라. 나는 하늘에 오른다. 나를 보라. 나는 아버지 우편에 앉아 있다. 불쌍한 죄인이여, 나를 보라. 나를 보라!"

10분 정도 겨우 설교를 이어나갔을 때 그는 한계에 도달했고, 순간 그의 눈길이 나를 향했다. 예배 참석자들이 소수였으므로 낯선 내 얼굴이 쉽게 눈에 띄었을 것이다. 그는 마치 내 마음을 모두 알고 있다는 듯 나를 주시하며 말했다. "젊은이는 매우 가련해 보이는군요." 사실 그 말이 맞았다. 하지만 설교 강단에서 나에 대해 그런 식으로 말하는 것은 들어본 적이 없었기 때문에 조금 당황스러웠다. 그러나 그 말은 내 마음속 깊이 파고들었다. 그의 말이 계속되었다. "만일 이 본문에 순종하지 않으면 젊은이는 항상 가련할 겁니다. 가련하게 살고 가련하게 죽을 겁니다. 그러나 만일 지금 이 순간 순종한다면 구원을 받을 겁니다." 그러고 나서 양팔을 치켜들고 외쳤다. "젊은이, 예수 그리스도를 보시오. 보시오! 보시오! 보시오! 그분을 보기만 하면 구원을 받습니다." 그때 나는 구원의 길을 보았다. 그 외에 그가 무슨 말을 했는지는 기억나지 않는다. 한 가지 생각에만 사로잡혔다. 놋뱀이 들렸을 때 그것을 본 사람들이 나음을 입었듯이, 나도 보기만 하면 되었다. 나는 해야 할 일이 태산 같다고 생각하고 있었지만 '보라'는 말이 너무나 가슴 깊이 다가왔다. 그 말을 듣는 순간, 구름이 걷히고 어둠이 물러나고 밝은 햇빛이 비쳤다. 그래서 그리스도의 보혈과 오직 그분만을 바라보는 순수한 신앙을 찬양했다. ……그리고 지금은 이렇게 말할 수 있다:

날 정케 하신 피 보니 그 사랑 한없네.

살 동안 받는 사랑을 늘 찬송하겠네.

늘 찬송하겠네, 늘 찬송하겠네.32)

이와 같이 복음을 듣기만 해도 성령의 능력이 효력을 발휘한다. 스펄전의 마음속에 햇빛이 밀려들어와 어둠을 내쫓았다. 그는 보았고, 깨달았다.

마태복음 12장 22절은 이렇게 전한다. "그때에 귀신 들려 눈멀고 말 못하는 사람을 데리고 왔거늘 예수께서 고쳐주시매 그 말 못하는 사람이 말하며 보게 된지라"

여기서는 눈먼 원인이 귀신 들린 탓으로 돌려진다. 항상(혹은 대체로) 그런 건 아니지만, 여기서는 흑암의 세력을 제압하시는 그리스도의 권능을 보여준다. 그리스도께서 눈먼 자를 보게 하시고, 말 못하는 자를 말하게 하시고, 귀 먹은 자를 듣게 하시며, 저는 자를 걷게 하시고, 또 각종 병든 자들을 치유하시는 것은 "내가 그 모든 것을 주관한다. 사망의 지배는 끝났다."라고 말씀하시는 것과 같다.

그렇게 그리스도께서 주관하시면, 흑암의 세력이 아무리 강할지라도 부서질 수밖에 없다.

THE WONDER WORKING GOD

7. 흑암의 세력을 정복하심

사탄의 영역은 대체로 우리 시야에서 가려져 있는데, 사실 이는 우리에게 매우 다행스러운 일이다. 우리는 호기심이 많기 때문에 갖지 말아야 할 지식과 아무런 유익도 없는 지식에 이끌리며 불건전한 집착에 빠지기 쉽다. 그래서 하나님은 마귀의 기원에 관한 내용을 성경에서 모호하게 드러내셨다. 이와 관련하여 존 밀턴(혹은 프랭크 퍼레티) 같은 작가의 묘사가 성경과 어디까지 일치하는지를 단정하는 것도 쉽지 않다.

베드로후서 2장 4절에 의하면 귀신들은 '범죄한' 천사들이다. 또 유다서 6절은 그들을 가리켜 "자기 지위를 지키지 아니하고 자기 처소를 떠난 천사들"이라 지칭한다. 이사야 14장에서는 바벨론을 하늘에서 떨어진 사탄이라고 조롱하듯 비유한다. 마귀는 하나님 나라 이야기의 시초부터 모습을 드러낸다. 그는 에덴동산에서 하나님의 선한 피조세계를 훼손할 음모를 꾸민다. 그리고 하나님의 자녀를 미혹하려는 마귀의 계획은 성공을 거둔다. 하지만 그의 승리는 일시적일 뿐, 아담과 하와 및 모든 피조세계와 더불어 저주를 받는다.

"여호와 하나님이 뱀에게 이르시되 네가 이렇게 하였으니 네가 모든 가축과 들의 모든 짐승보다 더욱 저주를 받아 배로 다니고 살아 있는 동안 흙을 먹을지니라"(창 3:14).

하나님과 마귀의 관계가 도교식 선악이나 음양의 조화 개념에 국한되지 않음을 보여주는 대표적인 전거가 바로 창세기 3장 14절이다. 여기서 하나님은 뱀에게 영원히 흙을 먹을 것을 명하신다.

사실 사탄은 사람들을 시험할 때 하나님의 허락을 받아야 한다(욥 1:6-12). 그 최초의 저주에서 우리는 '최초의 복음'을 본다.

"내가 너로 여자와 원수가 되게 하고 네 후손도 여자의 후손과 원수가 되게 하리니 여자의 후손은 네 머리를 상하게 할 것이요 너는 그의 발꿈치를 상하게 할 것이니라"(창 3:15).

이와 같이 마귀는 결국 끝장날 것이다. 그는 왕의 적수가 되지 못한다. 그가 행사하는 모든 힘은 한시적으로 허용된 것이다. 주께서 마귀를 철저히 통제하시며, 예수께서 하나님 나라를 선언하실 때 그는 이미 결박당하기 시작했다. 서두에서 권총이 소개되면 마지막에 그 권총에서 불을 뿜는 것이 잘 짜인 극본의 전개 방식이다. 마찬가지로 탁월한 스토리텔러이신 하나님은 서두에서 암시된 것이(창 3:15) 마지막에 그 모습을 드러내게 하신다.

"용을 잡으니 곧 옛 뱀이요 마귀요 사탄이라 잡아서 천 년 동안 결박하여…… 또 그들을 미혹하는 마귀가 불과 유황못에 던져지니 거기는 그 짐승과 거짓 선지자도 있어 세세토록 밤낮 괴로움을 받으리라"(계 20:2, 10).

같은 이유로 나는 마지막 때가 예수님과 더불어 시작됨을 믿는다. 그분은 모습을 드러내자마자 오래전에 예언되었던 불가피한 정복을 시작하실 것이다. 이에 대해 요한은 직설적으로 말한다. "그 빛이 어둠 속에서 비치니, 어둠이 그 빛을 이기지 못하였다"(요 1:5, 새번역). 또한 마가복음은 예수께서 제자들을 부르신 직후에 마귀의 영역을 공격하신 사실을 강조한다(1:21-28). 이후 제자들 자신이 귀신을 쫓아낼 수 있다는 사실에 놀라움을 표할 때 예수님은 이렇게 말씀하셨다.

"사탄이 하늘로부터 번개같이 떨어지는 것을 내가 보았노라 내가 너희에게 뱀과 전갈을 밟으며 원수의 모든 능력을 제어할 권능을 주었으니 너희를 해칠 자가 결코 없으리라"(눅 10:18-19).

이 말씀은 과장이 아니다. 물론 제자들이 전능하다는 의미는 아니다. 그들이 귀신을 쫓아내지 못하는 경우도 있다(막 9:18, 28-29). 그러나 예수님은 "무릇 살아서 나를 믿는 자는 영원히 죽지 아니하리니"(요 11:26)라고 말씀하신다. 따라서 하나님 나라를 얻는 자가 하늘에 속한 엄청난 영적 능력을(마귀와 귀신들이 복종할 수밖에 없는 능력) 갖게 된다는 그분의 말씀은 과장이 아니다.

그렇다면 이 일이 어떻게 가능할까? 예수님 안에서, 그리고 그분을 통해 하나님 나라가 도래함으로써 옛 뱀에 대한 보복이 실행된다. 이제 우리가 마귀를 대적하면 마귀는 채찍에 맞은 개처럼 달아날 것이다

(약 4:7). 선과 악에 관한 이야기는 이렇게 전개된다. 이제 가장 약한 믿음으로도 산을 옮길 수 있으며 마귀를 물리칠 수 있다. 구주께서 죄인들로 하여금 그의 홀(scepter)로 사탄의 머리를 부술 수 있게 하신다. 참으로 불가해한 은혜다.

모든 것을 정복하는 믿음

마가복음 9장에서 예수님은 자신의 신적 영광을 계시하기 위해 베드로와 야고보와 요한을 데리고 산에 오르신다. 우리는 이를 그리스도의 '변화산' 사건이라 부른다. 이에 대해서는 10장에서 좀 더 상세히 다룰 것이다. 이 기사를 보면 다른 아홉 제자는 산 아래에 있었다. 그리고 산에서 내려온 예수와 세 제자는 아홉 제자가 궁지에 몰린 장면을 보게 된다.

"이에 그들이 제자들에게 와서 보니 큰 무리가 그들을 둘러싸고 서기관들이 그들과 더불어 변론하고 있더라 온 무리가 곧 예수를 보고 매우 놀라며 달려와 문안하거늘 예수께서 물으시되 너희가 무엇을 그들과 변론하느냐 무리 중의 하나가 대답하되 선생님 말 못하게 귀신 들린 내 아들을 선생님께 데려왔나이다 귀신이 어디서든지 그를 잡으면 거꾸러져 거품을 흘리며 이를 갈며 그리고 파리해지는지라 내가 선생님의 제자들에게 내쫓아달라 하였으나 그들이 능히 하지 못하더이다"(14-18절).

예수님께서 분명 제자들에게 질문하셨는데 아이의 아버지가 대답한 점이 특이하다. 서기관들과 제자들 사이에서 벌어진 논쟁은 귀신 축사에 관한 것으로 짐작된다. 이어지는 제자들의 질문(28절)도 이를 뒷받침한다.

그 아이는 간질로 고통당한 것처럼 보이지만, 여기서는 그 원인이 더러운 귀신과 연관된다. 예수님 당시의 사람들이 모든 질병을 귀신들림과 연관 지었던 것은 아니다. 그들은 종교적이었지만 우리가 생각하는 것처럼 미신적이진 않았다. 의학적 수준도 낮았지만 대개는 육체적인 병과 귀신들림의 차이를 분간할 수 있었다. 환자가 이상한 목소리를 내거나 괴력을 행사하거나 이 아이처럼 불과 물에 뛰어드는 경우는 후자로 간주되었다. 특히 이 아이의 경우는 그를 해치려는 존재가 있음을 뚜렷이 느끼게 한다. 이에 대한 예수님의 반응이 흥미롭다.

"믿음이 없는 세대여 내가 얼마나 너희와 함께 있으며 얼마나 너희에게 참으리요 그를 내게로 데려오라"(19절).

주님의 탄식은 그곳에 있는 모두를 향한 것이다. 아이의 아버지는 도움을 구하면서도 의심을 떨쳐내지 못했다. 제자들은 예수님의 말씀과 이적을 통해 그 영광을 줄곧 보아왔음에도 불구하고 깨달음과 믿음 면에서 여전히 더뎠다. 또 서기관들은 흠잡을 기회만 줄곧 엿보는 완악한 자들이다.

"이에 데리고 오니 귀신이 예수를 보고 곧 그 아이로 심히 경련을 일으키게 하는지라 그가 땅에 엎드러져 구르며 거품을 흘리더라"(막 9:20).

이는 단순한 간질이 아니라 귀신들린 상태임을 보여주는 또 다른 증상이다. 귀신들은 예수님을 보기만 해도 두려워 떤다.

"예수께서 그 아버지에게 물으시되 언제부터 이렇게 되었느냐 하시니 이르되 어릴 때부터니이다 귀신이 그를 죽이려고 불과 물에 자주 던졌나이다 그러나 무엇을 하실 수 있거든 우리를 불쌍히 여기사 도와주옵소서 예수께서 이르시되 할 수 있거든이 무슨 말이냐 믿는 자에게는 능히 하지 못할 일이 없느니라 하시니"(21-23절).

여기서 믿음이 무엇인지를 아는 것이 중요하다. "믿는 자에게는 능히 하지 못할 일이 없느니라"는 말씀은 다섯 살짜리 아이라도 자신이 할 수 있다고 믿기만 하면 덩크슛도 할 수 있다는 뜻일까?

요즘 그물망과 안전벨트도 없이 외줄을 타고 그랜드캐니언을 건넌 닉 왈렌다 때문에 소셜미디어가 떠들썩하다. 왈렌다는 그리스도인이며 그의 특출한 곡예에는 신앙도 한몫 했을 것이다. 트위터에는 왈렌다의 곡예를 빌립보서 4장 13절과 연결시키는 글이 자주 올라온다. 과연 빌립보서 4장 13절 내용이 외줄타기 곡예 같은 것에도 적용되는 걸까? 만일 왈렌다가 줄에서 떨어져 죽기라도 한다면 이 구절은 무의미해질까?

그렇지 않다. 믿음은 토끼 발(행운의 부적처럼 가지고 다니는 토끼의 왼쪽 뒷발-역주)이 아니다. 히브리서 11장 1절은 "믿음은 바라는 것들의 실상이요 보이지 않는 것들의 증거"라고 말한다. 즉 믿음은 경험적 증거에 의존하지 않는 신뢰다. 성경에서 믿음이란 정반대되는 모든 가시적인 증거들에도 불구하고 영적인 증거에 근거하여 예수 그리스도가 자신에 대해 말씀하신 그분임을 믿고, 또 그 말씀대로 이루실 분임을 신뢰하는 것이다.

또한 믿음은 빈 그릇이며 빈손, 즉 예수님으로 채워져야 할 그 무엇이다. 믿음으로 그리스도께 나아갈 때 우리는 "저는 주님을 필요로 하고 주님을 원합니다. 영원히 저를 구원하실 주님을 신뢰합니다."라고 말하는 셈이다.

그러므로 어떤 행위도 내세우지 말라. 그것은 빈손이 아니다. 자기 의도 내세우지 말라. 그것 역시 빈손이 아니다. 당신의 부서지고 죄악된 자아를 솔직히 시인하라. 예수님은 죄인들을 구원하시기 위해 오셨으므로, 만일 당신이 죄인이 아니라면 예수님을 영접할 수 없다.

따라서 "믿는 자에게는 능히 하지 못할 일이 없느니라"는 결단한 바를 실행하기 위한 자조적인(self-helpy) 주문이 아니다. 그리스도를 신뢰하는 자들에게 궁극적 승리가 보장되어 있다는 약속이다. 그래서 "할 수 있거든이 무슨 말이냐"는 예수님의 반박은 이런 의미로 이해될 수 있다. "네가 나를 신뢰한다면, 너는 내가 할 수 있는 일에 제한이 없다는 것을 알 것이다."

예수께서 모든 것을 정복하시므로 믿음도 모든 것을 정복한다. 믿음이 모든 것을 정복하기 때문에 율법도 정복한다.

우리 자신의 힘으로는 그럴 수 없다. 예수께서 완전한 의로 우리를 위해 그렇게 하신다. 우리가 그분을 통해 그렇게 할 수 있는 것은, 그분이 우리를 대신하여 죽으심으로써 율법의 요구를 만족시키셨기 때문이다. 즉 아브라함이 의롭다 여겨진 것은 그의 선행 때문이 아니라 믿음 때문이다(롬 4:9).

믿음은 그리스도로 채워지는 빈 그릇이기 때문에 죄를 정복한다. 우리 자신의 힘으로는 그렇게 할 수 없지만 예수께서 죄를 십자가에 못 박으셨고 믿음으로 그분의 죽음이 우리의 죽음이 되기 때문에, 죄를 멸하시는 그분의 능력이 믿음을 통해 우리의 능력이 된다.

믿음은 그리스도로 채워지는 빈 그릇이기 때문에 죽음을 정복한다. 우리 자신의 힘으로는 그렇게 할 수 없지만 예수께서 다시 살아나셨고 그분의 부활이 믿음을 통해 우리의 부활이 되기 때문에 죽음을 이기신 그분의 능력이 믿음을 통해 우리의 능력이 된다.

믿음은 그리스도로 채워지는 빈 그릇이기 때문에 스트레스 많고 두려운 모든 상황을 정복한다. 우리 스스로는 염려와 두려움과 스트레스를 피할 수 없다. 그러나 예수님 안에 있는 우리는 아무것도 염려하지 않을 수 있을(빌 4:6) 뿐 아니라 항상 기뻐할 수 있다(살전 5:16). 믿음은 모든 것을 정복한다.

믿음은 의심을 정복한다

"곧 그 아이의 아버지가 소리를 질러 이르되 내가 믿나이다 나의 믿음 없는 것을 도와주소서 하더라"(막 9:24).

아이의 아버지는 매우 심오한 말을 했다. 아마 그 심오함을 자신도 몰랐을 것이다. 그의 간절한 부르짖음 속에는 로마서 7장의 메시지가 들어 있다.

예수께서 우리를 의로운 존재로 삼으시므로 우리는 자신에 대해 솔직할 수 있다. 아무것도 숨기거나 입증할 것이 없다. "내가 믿나이다. 나의 믿음 없는 것을 도와주소서."라고 매일 기도하는 한, 하나님의 자비가 우리에게 임할 것이다.

회심으로부터 성화의 전 과정에 이르기까지, 우리는 삶의 모든 국면에서 믿음을 드러낼 수 있도록 도와달라고 기도할 수 있다. 우리는 복음 안에서 이미 영원한 미래를 보장받았다. 그러나 이생을 살아가는 동안 계속 복음에 자신을 복종시켜야 한다. 하나님께서 우리 안에 행하시는 일에 매일 순응해야 한다(빌 2:12-13).

삶은 의심으로 가득하다. 우리는 단지 우리의 의심에 대해서뿐 아니라 의심이 무엇인지에 대해서도 솔직해야 한다. 성경은 의심하는 자들을 긍휼히 대할 것을 당부하지만(유 22), 의심 자체에 대해서는 결코 너그럽게 말하지 않는다.

의심의 씨앗을 뿌린 자는 마귀다. 그리스도의 선하심과 은혜에 관한 모든 의심은 "하나님이 참으로…… 하시더냐"(창 3:1)라는 첫 유혹의 반향이다. 따라서 "내가 믿나이다. 나의 믿음 없는 것을 도와주소서."라는 말은 영적 전투다.

불신을 격파하고 믿음에 이르는 몇 가지 방법은 다음과 같다.

첫째, 십자가의 역사적 사실에 집중하자. 그리스도께서 도마에게 허락하신 바를 기억하면서(요 20:27) 예수님의 상처를 생각하라. 그분의 고난에 관한 복음서 기사를 읽으라. 십자가에 관한 서적들을 읽으라. 나사렛 예수께서 행하신 일들과 그 일들을 행하신 이유를 진지하게 숙고하라.

둘째, 마치 자신은 결코 의심하지 않는 것처럼 우리의 의심을 멸시하는 자들에게 조언을 구하지 말자. 의심하는 사람들에게 필요한 건 율법이 아니라 복음이다. 당신의 의심을 대수롭지 않게 여기거나 혹은 용서받지 못할 죄인인 것처럼 정죄하는 공동체에 속하지 말라.

셋째, 기도하자. "사도들이 주께 여짜오되 우리에게 믿음을 더하소서 하니"(눅 17:5). 우리는 하나님이 계시는지, 그리고 우리를 사랑하시는지를 의심할 수 있다.

하지만 그런 의심에 맞서, 그가 계시며 또한 우리를 사랑하심을 믿기 위한 적극적인 노력을 기울여야 한다. 자신을 그분께 맡기자. 그리고 솔직하고 겸손하게 간구하자. 그 보좌에 담대히 나아가면, 거기서 은혜를 발견할 것이다.

넷째, 의심의 초점을 우리 자신의 실패와 무능함에 맞추자. 달리 말해 우리 자신을 의심하고, 우리의 의심을 의심하자. 이 권면에 대해 어떤 이들은 직관적으로 반감을 느낄 것이다. "자신을 믿으라"는 기치로 인간의 잠재력을 북돋우는 이 시대에 이런 권면이 껄끄럽게 들릴 것이다. 하지만 우리가 우리 자신에 대해 더 철저히 절망하기 전까지는 하나님을 철저히 믿지 못한다.

이런 의미에서 반격은 하나님에 대한 의심을 중단하는 것이 아니라 우리 자신에 대한 의심을 시작하는 것이다. 전자는 헤엄칠 줄 모르는 사람이 물에 빠졌을 때 그 사람에게 더 격렬하게 몸부림치라고 말하는 것과 같다. 반면 후자는 물에 빠진 사람에게 몸부림을 멈추고 자신의 능력을 의지하지 말라고 말하는 것과 같다. 사실 물에 빠진 사람이 헤엄칠 줄 모를 경우에는 스스로 몸부림을 포기하고 몸에 힘을 뺄 때 구조자가 더 쉽게 그를 구할 수 있다.

그러므로 만일 우리가 하나님을 신뢰할 수 없다면 우리 자신에 대해 생각하자.

우리는 얼마나 건실한 사람인가? 우리의 인식은 올바른가? 우리의 계획은 건전한가? "만물보다 거짓되고 심히 부패한"(렘 17:9) 우리의 마음을 신뢰할 수 있는가?

우리 자신에 대해 솔직해지면 우리는 자신의 전적 의존성과 연약성을 깨닫게 된다. 그리고 우리 자신을 의심할 때, 우리는 하나님을 신뢰할 준비를 갖추게 된다. 우리가 쇠할수록 그분이 더 흥할 것이다(요 3:30).

끝으로, 성경을 읽자. 특히 의심과 관련된 성경의 약속들을 묵상하자. 우리의 의심보다 하나님이 더 크심을, 우리 자신의 의심에 동조하지 않는 것이 그분에게 속한 존재임을 나타내는 표시라는 사실을 기억하자. 그리스도의 완벽하신 사역이 우리의 흔들리는 믿음까지 덮음을 기억하자. 우리에게는 오직 겨자씨만 한 믿음이 필요할 뿐이다.

매트 챈들러는 자신이 잃어버린 바 되었을 때 기독교에 많은 의문을 품었으나 하나님께서 그 의문들 중 어느 하나도 대답해주지 않으시고 자신을 구해주셨다고 한다. 어떻게 된 일일까? 그는 복음을 들었다고 말한다. 우리는 믿음을 불안정한 것으로 보는 경향이 있지만 실제로 불안정한 건 의심이다. "오직 믿음으로 구하고 조금도 의심하지 말라 의심하는 자는 마치 바람에 밀려 요동하는 바다 물결 같으니"(약 1:6).

믿음만으로는 충분하지 않은 것처럼 느껴질 때 의심이 밀려든다. 우리는 더 많은 증거를 원하고 결과를 원한다. 경험적인 확실성을 원한다. 하지만 그리스도는 지식이 아닌 믿음을 채워주신다. 귀신들도 예수가 주님이심을 안다. 그러나 그분을 신뢰하지는 않는다. 물론 궁극적으로는 우리의 믿음이 터무니없지 않다. 하지만 믿음은 이성과 다르다. 믿음은 비합리적이지 않지만 합리주의도 아니다.

우리가 더 많이 신뢰할수록 그리스도의 은혜를 더 많이 알게 되며 "주여, 내가 믿나이다. 나의 믿음 없는 것을 도와주소서."라고 더 많이 기도하게 된다. 모든 것을 정복하시는 그리스도께서 모든 의심을 제거하신다.

믿음은 지옥을 정복한다

여기 하한선이 있다. 바로 우리가 영원한 하한선 밑으로 추락하지는 않을 거라는 약속이다. 예수께서 우리를 들어 올리신다. 베드로가 예수 그리스도를 주로 고백한 것은 순수하고 어린아이 같은 신앙고백이며, 예수님은 이 고백 위에 세워진 나라를 지옥조차 정복하지 못할 것이라고 말씀하신다(마 16:16-18). 베드로의 고백을 들은 그리스도께서 지옥을 정복하는 나라, 곧 마가복음 9장에 나오는 귀신 들린 아이처럼 마귀와 지옥의 노예로 결박된 자들에게 자유를 선언하는 나라를 언급하신다.

> "예수께서 무리가 달려와 모이는 것을 보시고 그 더러운 귀신을 꾸짖어 이르시되 말 못하고 못 듣는 귀신아 내가 네게 명하노니 그 아이에게서 나오고 다시 들어가지 말라 하시매 귀신이 소리 지르며 아이로 심히 경련을 일으키게 하고 나가니 그 아이가 죽은 것같이 되어 많은 사람이 말하기를 죽었다 하나 예수께서 그 손을 잡아 일으키시니 이에 일어서니라"(막 9:25-27).

"이에 일어서니라"라는 구절에 부활의 그림자가 보인다. 죽음의 영역이 하나하나 해체되면서 지옥이 정복되고 있다. 지옥에 갇힌 자들이 해방되고 있다.

우리가 가장 자랑하는 종교적인 노력을 포함한 모든 것이 실패해도, 예수님은 결코 실패하지 않으신다.

"집에 들어가시매 제자들이 조용히 묻자오되 우리는 어찌하여 능히 그 귀신을 쫓아내지 못하였나이까 이르시되 기도 외에 다른 것으로는 이런 종류가 나갈 수 없느니라 하시니라"(막 9:28-29).

기도는 믿음의 살아있는 비유다. 자신의 무력함을 전제로 하기 때문이다. 즉 기도할 때 우리는 주님 앞에 구하는 모든 일을 자신의 힘으로 이룰 수 없다고 시인하는 셈이다(역으로 우리가 기도하지 않는 것은 '내가 이것을 할 수 있다'고 믿기 때문이다). 따라서 기도는 가장 깊은 신앙 행위다. 예수님처럼 "내 원대로 마시옵고 아버지의 원대로 되기를 원하나이다"(눅 22:42)라고 기도한다면 특히 그렇다.

예수님은 제자들이 귀신을 쫓아내지 못한 것이 기도가 부족한 탓이라고 설명하신다. 따라서 믿음에 관한 교훈이 귀신 들린 이야기에서 나오는 것은 우연이 아니다. 주님의 선하심과 복음에 대한 의심이 마귀의 작용에서 비롯되기 때문이다.

반면, 기도와 금식으로 입증되는 믿음은 마귀의 영역을 무너뜨리고 지옥을 정복한다. 그 이유는 믿음이 그리스도에 의해 채워지는 빈 그릇이며 그리스도께서 지옥을 정복하시기 때문이다. 시드니 페이지(Sydney Page)는 이렇게 말한다.

마가는 기도의 필요성에 초점을 맞춘다. 이는 하나님의 권능이 사람의 통제 아래에 있지 않음을 분명히 나타내기 위함이다. 하나님의 권능은 언제나 간구의 대상이다. 악의 세력을 물리치는 것 같은 상황에서 꼭 필요한 하나님의 능력은 그를 신뢰하고 의지하는 태도에서만 경험될 수 있으며, 그런 태도는 겸손한 기도를 통해 표현된다.[33]

우리 자신이 지옥의 세력을 정복할 수는 없다. 그 세력이 우리를 압도한다. 오직 믿음만이 우리의 승리다. 믿음은 승리자를 의지하는 것이기 때문이다.

승리 편에 서서

누가복음 4장 18절에서 예수님은 이사야 61장 1절을 인용하여 "나를 보내사 포로 된 자에게 자유를……"이라고 말씀하신다. 하나님 나라의 복음은 악의 세력에 갇힌 자들이 해방된다는 것이다. 즉 마가복음 9장에 나오는 아이의 구원에서 볼 수 있듯이, 예수님은 육체적인 고통에 갇힌 자들을 해방시키신다. 거라사인 지방에서의 군대 귀신 축출 사례에서 볼 수 있듯이(막 5:1-20), 예수님은 정서적 고통과 육체적 압박에 갇힌 자들을 해방시키신다. 또 수로보니게 여자의 딸에게서 귀신을 쫓아내신 사례에서처럼(막 7:24-30), 자기 민족 중심주의에 갇힌 자들을 해방시키신다.

예수님이 가시는 곳마다 그분의 사역을 접하는 사람들은 그분을 좋아하는 자들과 반대하는 자들로 분리된다. 이 사실은 "집 하인이 두 주인을 섬길 수 없나니"(눅 16:13), "나와 함께 아니하는 자는 나를 반대하는 자요"(마 12:30) 같은 구절에서 분명히 드러난다. 마태복음 10장 34-37절도 이 같은 분열을 예고한다.

"내가 세상에 화평을 주러 온 줄로 생각하지 말라 화평이 아니요 검을 주러 왔노라 내가 온 것은 사람이 그 아버지와, 딸이 어머니와, 며느리가 시어머니와 불화하게 하려 함이니 사람의 원수가 자기 집안 식구리라 아버지나 어머니를 나보다 더 사랑하는 자는 내게 합당하지 아니하고 아들이나 딸을 나보다 더 사랑하는 자도 내게 합당하지 아니하며"

예수는 팬클럽을 만들지 않으신다. 다만 충성을 요구하신다. 마가복음 3장에 나오는 영적 전쟁에 관한 예수님의 가르침에서 하나님 나라와 관련한 분열의 특징이 선명하게 드러난다. 예수님의 가족이 그를 걱정한다(21, 31-35절). 그분의 안전을 염려한 것인지 정신 상태를 걱정한 것인지 불명확하지만, 아마도 둘 다인 듯하다. 당시의 사회 관리자들도 예수께 관심을 나타낸다. 그들의 눈에는 그분이 골칫거리로 보였다. 그래서 그들은 그분의 권세를 문제 삼았다. 3장 22-27절은 예수께서 자신의 귀신 축사를 변호하시는 내용이다.

"예루살렘에서 내려온 서기관들은 그가 바알세불이 지폈다 하며 또 귀신의 왕을 힘입어 귀신을 쫓아낸다 하니 예수께서 그들을 불러다가 비유로 말씀하시되 사탄이 어찌 사탄을 쫓아낼 수 있느냐 또 만일 나라가 스스로 분쟁하면 그 나라가 설 수 없고 만일 집이 스스로 분쟁하면 그 집이 설 수 없고 만일 사탄이 자기를 거슬러 일어나 분쟁하면 설 수 없고 망하느니라 사람이 먼저 강한 자를 결박하지 않고는 그 강한 자의 집에 들어가 세간을 강탈하지 못하리니 결박한 후에야 그 집을 강탈하리라"

앞에서 말한 것처럼 예수님의 가족은 그분을 염려했다. 그러나 예루살렘에서 내려온 서기관들은 그분을 미워했다. 그들은 예수님의 이적들을 바알세불의 힘을 빈 것으로 간주했다. 바알세불은 '파리의 주'라는 뜻으로 사탄을 가리킨다. 따라서 이는 단순한 오해나 혼동이 아니라 의도적인 곡해다. 예수님의 능력을 직접 목격하고도 그분의 나라를 사탄적인 것으로 규정한 것이다. 이런 비난은 한 차례에 국한된 것이 아니라 요한복음 10장 20절에도 나온다. "그중에 많은 사람이 말하되 그가 귀신 들려 미쳤거늘 어찌하여 그 말을 듣느냐 하며"

'스스로 분쟁하는 집'에 대한 언급은 예수님 자신의 가족을 염두에 두신 것이다. 그들은 예수님의 사역을 중단시키려 하며(막 3:21), 이후에도 재차 그분을 제지하려 한다(31-35절). 마가복음 3장 22-27절에 수록된 예수님의 대답은 그분의 귀신 축사에 관한 내용인 동시에 제자도에 관한 것이기도 하다.

마가는 그 말씀을 '비유'로 지칭하지만(23절) 명쾌하게 해석된다. 예수님은 풍자와 간단한 논리를 섞어서 사탄이 스스로를 내쫓는 것은 터무니없는 말임을 강조하셨다. 이런 종류의 터무니없는 오류를 지적하신 경우가 여러 번이다.

"내가 아버지로 말미암아 여러 가지 선한 일로 너희에게 보였거늘 그중에 어떤 일로 나를 돌로 치려 하느냐"(요 10:32).

"낙타가 바늘귀로 나가는 것이 부자가 하나님의 나라에 들어가는 것보다 쉬우니라"(막 10:25).

"누구든지 등불을 켜서 그릇으로 덮거나 평상 아래에 두지 아니하고 등경 위에 두나니"(눅 8:16).

평행구절들에서는(마 12:22-32; 눅 11:14-23) 예수께서 "내가 바알세불을 힘입어 귀신을 쫓아내면 너희의 아들들은 누구를 힘입어 쫓아내느냐"라고 반문하신다. 오늘날의 어투로 말한다면 아마도 이런 식일 것이다. "옳다, 멍청한 자들아. 사탄이 사탄을 쫓아내는 건 지극히 당연한 일이다. 그들이 멸망하려고 기를 쓰고 있다면 말이다."

잠언 26장 3절은 미련한 자의 등에는 막대기가 필요하다고 말한다. 본문에서 예수는 미련한 자들에게 수사학적인 매질을 가하신다. 사실 이 매질은 그들로 하여금 깜짝 놀라서 정신을 차리게 하시기 위함이다. 이어서 주님은 이렇게 말씀하신다. "사람이 먼저 강한 자를 결박하지 않고는 그 강한 자의 집에 들어가 세간을 강탈하지 못하리니 결박한 후에야 그 집을 강탈하리라"(막 3:27).

예수님의 정복은 사탄의 패배다. 그리고 승리자에게는 전리품이 돌아간다.

약 1천 년 전, 베들레헴 출신의 한 목동이 막강한 적군 앞에서 공포에 떠는 동족과 가족을 보았다. 절망적인 상황처럼 보였고 악이 승리할 것 같았다. 하지만 그 소년은 적군 중에서 가장 강한 전사를 돌 하나로 쓰러뜨렸다. 그런 다음 그의 목을 베고 대적의 지배가 끝났음을 동족에게 알렸다. 백성들은 환호성을 지르며 대적의 진영으로 몰려 들어가 그들의 물품을 약탈했다(삼상 17:53). 강한 자가 결박당했고, 그들의 모든 소유를 빼앗겼다.

요한계시록 20장 1-2절은 이렇게 전한다.

"또 내가 보매 천사가 무저갱의 열쇠와 큰 쇠사슬을 그의 손에 가지고 하늘로부터 내려와서 용을 잡으니 곧 옛 뱀이요 마귀요 사탄이라 잡아서 천 년 동안 결박하여"

여기서 1천 년은 교회시대 전체를 상징한다. 따라서 이 구절은 '강한 자 결박'에 관한 예수님의 말씀과 평행을 이룬다. 즉 예수님은 마귀의 힘을 빌어 귀신들을 쫓아내시는 것이 아니다. 그분이 귀신을 쫓아내시는 것은 마귀를 제압하시기 때문이다. 그분은 이렇게 외치신다.

"깨어서 내가 하는 일을 보라!"

"나는 정복하고 있다!"

"종이 두 주인을 섬길 수 없다."

"나와 함께하지 않는 자는 나를 대적하는 자다."

"아버지와 어머니를 나보다 더 사랑하는 자는 내게 합당치 않고, 아들과 딸을 나보다 더 사랑하는 자도 내게 합당치 않다."

이렇게 말씀하시는 이유는 그들 중 누구도 그리스도가 주시는 영원한 구원을 제공하지 못하기 때문이다. 그리스도는 죄를 정복하시고, 사탄과 귀신들을 제압하시고, 사망을 삼키시고, 치유와 용서를 베푸시며, 영원한 안전을 제공하신다. 세상은 그리스도에게 무관심하며 심지어 그분을 대적하지만 세상의 그 누구도 강한 자를 결박하지 못했다. 승리가 임하고 있다.

이제 우리는 어떻게 해야 할까? 누구 편에 설 것인가?

"내가 진실로 너희에게 이르노니 사람의 모든 죄와 모든 모독하는 일은 사하심을 얻되 누구든지 성령을 모독하는 자는 영원히 사하심을 얻지 못하고 영원한 죄가 되느니라 하시니 이는 그들이 말하기를 더러운 귀신이 들렸다 함이러라"(막 3:28-30).

모든 죄와 신성모독은 회개로 사함을 받는다. 하나님의 은혜는 참으로 놀랍다!

그러면 '성령 모독'이란 무엇일까?

성령 모독은 다른 모든 죄와 구분되는 영원한 죄다. 여기서 예수님은 서기관들이 이미 그 죄를 범했다고 하시는 것이 아니라 그 죄에 대해 경고하신다. 그리고 "너희가 매우 위험한 처지에 놓였다"고 말씀하고 계신다. 그리스도의 사역을 사탄의 사역으로 간주함으로써 그들은 영원히 예수님을 거부하는 용서받지 못할 죄를 범하고 있다.

나는 끝까지 회개하지 않고 예수님을 거부하는 죄를 용서받지 못하는 죄로 이해한다. 예수님을 거부하는 것은 정죄를 받아들이는 것이다. "아들을 믿는 자에게는 영생이 있고 아들에게 순종하지 아니하는 자는 영생을 보지 못하고 도리어 하나님의 진노가 그 위에 머물러 있느니라"(요 3:36).

성령의 일은 예수님을 영화롭게 하는 것이므로, 영구적으로 예수님을 거부하는 것은 곧 성령을 모독하는 행위다. 끝내 그리스도를 대적하는 죄는 사함을 받지 못한다. 그리스도와 함께하지 않는 것은 본질적으로 그분을 대적하는 것이다. 이 말씀은 보편구원론과 포용주의의 모든 감상적인 개념들을 반박한다. 끝까지 그리스도의 반대편에 서는 자들은 마지막 날에 추락할 수밖에 없다.

우리가 죄와 사망을 정복하시는 그리스도의 승리의 좋은 소식을 들을 때 마음을 강퍅케 하지 말고 믿음으로 그분의 나라를 붙들어야 하는 것도 바로 이 때문이다.

만일 유일하게 사함받지 못하는 죄가 끝내 회개하지 않는 것이라면, 반대로 회개하면 모든 죄, 심지어 신성모독마저 사함받을 수 있음을 뜻한다. 우리가 얼마나 많은 죄를 사함받았는지 알 수 있다면 얼마나 감격스럽겠는가! 구원 얻는 우리에게 주어지는 승리의 전리품들은 참으로 풍성하다. 이 모든 것은 예수께서 만유의 주요 영원한 승리를 거두셨기 때문이다. 그분의 십자가 사역이 역사의 수레바퀴를 반대로 돌렸다. 자연을 명령하고 병을 치유하시는 사역은 말할 것도 없고, 귀신을 쫓아내는 이적도 저주를 파하시는 능력을 보여준다.

십자가에서 예수님은 자신의 패배를 원수들에 대한 결정적인 승리로 돌이키는 역설을 성취하셨다. 또한 "통치자들과 권세들을 무력화하여 드러내어 구경거리로 삼으셨다"(골 2:15). 그분의 발꿈치로 뱀의 머리를 부수신다. 그리고 부활하신 그리스도께서 무덤의 지배자로 나타나신다. 요나를 삼켰던 고래처럼 사망이 예수님을 삼키지만, 그분이 사망의 내장에 치명타를 가하심에 따라 사흘 만에 사망이 그를 토해내지 않을 수 없었다. 이제 그분은 악의 힘을 통해서가 아니라 지옥과 죄와 사망을 제압하는 자신의 능력으로 사악한 세력을 몰아내신다. 다시 사신 그리스도는 무적의 하나님이시다. 그러므로 우리는 승리의 편에 서야 한다. 다음은 데이비드 포울리슨의 감동적인 설명이다.

예수 그리스도는 승리의 구원자요 왕이시다. 믿음을 온전케 하시는 분이며 영광의 주이신 예수께서 빛과 생명을 주신다. 그분은 사탄을 제압하신다. 예수 그리스도의 삶과 죽음과 부활과 승천은 전쟁의 흐름을 역전시켰다. 왕이 임하여 단독으로 압제자의 요새를 파하신다. 그리스도인들은 예수님의 죽음과 부활이 마귀를 몰아냄을 믿는다. ……예수님의 십자가 사건은 결정적이고도 우주적인 귀신 축사를 의미한다. 이 사건으로 세상을 장악한 사탄의 권세가 파해졌다. ……의식적으로 어둠에서 빛으로 돌이킬 때, 우리는 사탄의 세력으로부터 구원받는다. 우리의 눈을 멀게 하여 거짓과 탐욕과 불행에 빠트리는 자가 영원한 흑암에 내던져지는 반면, 한때 사망을 두려워하던 우리는 이제 부활의 소망 가운데서 살아간다. 성령을 통해 우리는 그리스도 안에 있고 그리스도는 우리 안에 계신다. 해방된 포로로서 우리는 우리의 왕을 사랑하는 법을 배우며, 우리의 옛 주인이자 압제자인 마귀의 방식을 내버린다. 사망과 죄가 더 이상 칼자루를 쥐지 못한다.[34]

THE WONDER WORKING GOD

8. 슬피 우는 것과 깨달음

예수님은 친구들을 두셨다. 그분께는 제자들이 있었으며, 그들이 곧 친구였다. 그들 중에도 베드로와 야고보와 요한이 핵심이었다. 특별히 요한은 "예수께서 사랑하시는 그 제자"로 지칭되었다(요 21:20). 이들 외에도 복음서를 통해 예수님께서 비교적 뜻이 통하며 친근한 여러 사람과 교류하셨다는 사실을 알 수 있다.

사실 예수님의 지상사역 기간에 그분을 따르는 삶이 어떠했을지를 상상하는 건 쉽지 않다.

그분의 친구가 되는 건 어떠했을까?

우리가 예수님의 친구였다면, 아마도 그분을 웃게 만드는 것과 그분이 좋아하시는 음식을 알게 되었을 것이다. 많지 않았을 자유 시간을 어떻게 보내시는지도 알았을 것이다. 성경에 기록되지 않은 심오한 말씀을 개인적으로 들었을 수 있다. 그분의 참된 인성과 신성을 가장 가까이에서 볼 수 있었을 것이다.

나는 예수님만큼 좋은 친구는 없었을 거라고 생각한다. 동시에 예수님과 가장 가까웠던 자들이 줄곧 그분께 무분별한 기대를 품었을 거라는 생각도 든다.

분명 죄 없는 사람으로서, 그리고 하나님으로서 예수님은 여러 가지 비범한 일을 행하실 수 있었다.

때문에 그분의 친구들은 종종 그분을 이용하고 싶은 유혹에 빠져들었을 것이다. 즉 자기들에 대한 특별대우를 바라며 특별한 희망을 품었을 것이다.

나사로의 죽음에 관한 이야기에서, 우리는 예수님과 가까웠던 자들의 기대와 실망이 어떤 것이었는지를 엿볼 수 있다. 마르다와 마리아는 예수께서 나사로를 죽지 않게 하실 수 있었음을 안다. 그들의 생각은 인간적이고 자연적이며 논리적이다. 깊은 슬픔 가운데서, 그들은 예수께서 하실 수 있는 일과 '하셔야 했던' 일에 대해 골똘히 생각했다. 하지만 예수님과 친구가 된다고 해서 우리가 구하는 모든 것을 얻을 수 있는 건 아니다.

우리는 예수께서 특정한 것을 공급해주시고, 또 특정한 방식으로 우리 기도에 응답해주시기를 기대할 뿐, 우리를 위한 그분의 계획이 우리가 기대하는 것보다 훨씬 더 나음을 이해하지 못하는 경우가 많다.

죽음이 아닌 죽음

죽음은 이 세상이 훼손되었음을 보여주는 가장 분명한 증거 아닐까? 나는 장례식에서 많은 설교를 했고, 불신 가정에서 예수님을 영접하지 않고 돌아가신 분들을 위한 예배도 많이 드렸다. 이런 장례식에서 설교하는 건 여러 가지 면에서 힘이 들지만, 모든 설교에 죽음은 잘못된 거라는 내용이 반드시 들어갔다. 이 부분에 대해서는 거의 모든 참석자들이 동의했다. 심지어 죽음은 단지 정상적인 삶의 순환과정에서 '흙으로 돌아가는 것'일 뿐이라고 믿는 사람들마저도 깊은 슬픔 가운데서 죽음이 비극적이고 상처를 주며 무언가 잘못된 것이라고 느꼈다.

다시 말하지만 죽음은 세상이 훼손되었음을 알려준다. 이 결론의 근원으로 돌아가면, 우리는 선하게 창조된 세계가 죄로 인해 더럽혀지고 훼손되었다는 보다 난해한 진리에 직면한다.

장례식 예배에서 설교할 때, 나는 함께 예배드리는 그 순간이 실제적인 삶의 모습이라는 점을 참석자들에게 상기시킨다. 우리는 죽음을 갑자기 끼어든 그 무엇으로 여긴다. 하지만 이것은 우리의 죽을 운명에 대해 잘 생각하지 않거나 생각하지 않으려 하기 때문이다. 그러나 장례식에서만큼은 죽음이 우리의 관심을 끌고 이생의 삶을 생각하게 한다. 즉 장례식은 우리의 실상을 들여다보게 하며, 로마서 8장 23절을 떠올리게 한다.

우리는 삶을 연장하기 원한다. 더 낫고 너 안락한, 무잇보다 디 오래 살고자 하는 기대감을 갖는다.

의술의 발전이 그런 기대감을 부추긴다. 젊은 사람이 죽으면 우리는 그가 때 이른 죽음을 당했다고 말한다. 그리고 우리 모두의 목표는 최대한 '우리의 때'를 늦추는 것이다.

그러나 삶을 연장하는 것은 예수님이 전하신 핵심 메시지가 아니다. 그분의 방식은 우리의 기대와 다르다. 그분은 때로 우리에게 고난을 주시며, 고난에 대한 그분의 해결책은 우리의 상상을 훨씬 넘어선다.

"어떤 병자가 있으니 이는 마리아와 그 자매 마르다의 마을 베다니에 사는 나사로라 이 마리아는 향유를 주께 붓고 머리털로 주의 발을 닦던 자요 병든 나사로는 그의 오라버니더라 이에 그 누이들이 예수께 사람을 보내어 이르되 주여 보시옵소서 사랑하시는 자가 병들었나이다 하니 예수께서 들으시고 이르시되 이 병은 죽을 병이 아니라 하나님의 영광을 위함이요 하나님의 아들이 이로 말미암아 영광을 받게 하려 함이라 하시더라 예수께서 본래 마르다와 그 동생과 나사로를 사랑하시더니 나사로가 병들었다 함을 들으시고 그 계시던 곳에 이틀을 더 유하시고"(요 11:1-6).

두 자매는 예수께서 서둘러 나사로에게 와 그의 병을 고쳐주시기를 기대했다. 그들은 그분이 그렇게 하실 수 있음을 의심치 않았다. 예수님께 급하게 도움을 요청한 것으로 보아 나사로의 병은 매우 심각했던 것 같다.

그러나 그에 대한 주님의 반응은 특이했다. "이 병은 죽을 병이 아니라"(4절). 그 병이 치명적이지 않다는 말씀은 아니다. 왜냐하면 6절은 예수께서 나사로가 죽기까지 지체하셨음을 암시하기 때문이다(12절에 의하면, 제자들은 이 말씀을 나사로의 질병이 치명적이 아니라는 뜻으로 이해했다). 그렇다면 예수님은 무슨 뜻으로 그렇게 말씀하신 걸까? D. A. 카슨은 이를 "궁극적으로 죽음에서 끝나지 않을 것"이라는 뜻으로 설명한다.[35]

사실 나사로는 죽을 것이다. 주께서 그렇게 되기를 기다리셨다. 하지만 그분의 뜻은 죽음에서 끝나는 것이 아니다. 그분은 나사로의 죽음을 통해 자신의 영광을 드러낼 계획이시다. 그 과정에서 이적이 일어날 것이다.

그리스도의 영광이 모든 것을 무색하게 할 만큼 강렬하기 때문에 죽음마저 재고되어야 한다. 예수께서 죽은 자를 가리켜 "잠들었도다"라고 말씀하신 것도 바로 이 때문이다. 알파와 오메가이신 분의 손 안에서는 죽음도 힘을 잃는다. 예수님의 팔에 안전하게 안긴 자에게는 죽음도 죽음이 아니다.

주와 함께 죽으러 가자

C. S. 루이스는 "죽기 전에 죽으라. 죽은 후에는 기회가 없다."라고 말했다.[36]

누가복음 13장 1-5절에서 예수님은 빌라도가 살해당한 갈릴리 사람들의 피를 그들의 제물에 섞었던 끔찍한 사건에 대해 질문을 받으신다. 이에 대한 예수님의 대답 속에는 죽음이 미치는 범위와 그 목적에 관한 신학적 메시지가 담겨 있다. 그분은 실로암 망대가 무너진 사건에서처럼 모두가 죽을 운명에 놓여 있다고 말씀하셨다. 죄인이나 성인이나 죽는 건 마찬가지다. 이런 의미에서 죽음은 몰상식하다. 우리는 언제 죽음을 맞을지 모르며, 다만 영적 준비가 갖춰진 상태에서 죽음을 맞기 원한다. 누구도 죽음을 피할 수 없다. 그러나 죽음 '이후의' 죽음은 피할 수 있다. 물론 예수 '안에서' 기꺼이 죽으려 할 경우에 그렇다.

"그 후에 제자들에게 이르시되 유대로 다시 가자 하시니 제자들이 말하되 랍비여 방금도 유대인들이 돌로 치려 하였는데 또 그리로 가시려 하나이까 예수께서 대답하시되 낮이 열두 시간이 아니냐 사람이 낮에 다니면 이 세상의 빛을 보므로 실족하지 아니하고 밤에 다니면 빛이 그 사람 안에 없는 고로 실족하느니라 이 말씀을 하신 후에 또 이르시되 우리 친구 나사로가 잠들었도다 그러나 내가 깨우러 가노라 제자들이 이르되 주여 잠들었으면 낫겠나이다 하더라 예수는 그의 죽음을 가리켜 말씀하신 것이나 그들은 잠들어 쉬는 것을 가리켜 말씀하심인 줄 생각하는지라 이에 예수께서 밝히 이르시되 나사로가 죽었느니라 내가 거기 있지 아니한 것을 너희를 위하여 기뻐하노니 이는 너희로 믿게 하려 함이라 그러나 그에게로 가자 하시니 디두모라고도 하는 도마가 다른 제자들에게 말하되 우리도 주와 함께 죽으러 가자 하니라"(요 11:7-16).

도마는 자신이 무슨 말을 하고 있는지도 몰랐지만, 그의 용기와 충성심만은 진실했다. 그의 말은 "우리 형제들이 어린 양의 피와 자기들이 증언하는 말씀으로써 그를 이겼으니 그들은 죽기까지 자기들의 생명을 아끼지 아니하였도다"(계 12:11)라는 구절을 연상시킨다.

분명 예수께서 유대로 여행하시는 건 위험했다. 그곳에는 예수님을 대적하는 자들이 많았기 때문이다.

그러나 도마는 그런 위험을 기꺼이 감수하려 한다. 혹자는 "내가 깨우러 가노라"는 말씀에 도마가 용기를 얻었다고 이야기한다. 그가 그리스도의 부활 능력을 이해하였다는 것이다. 하지만 그가 용기를 낸 것은 단지 예수님을 향한 사랑 때문이다. 즉 만일 예수님이 돌에 맞으러 가신다면 그분의 제자들도 함께 가서 돌에 맞아야 한다는 마음에서다.

하지만 그의 말 속에는 그가 미처 알지 못하는 진리가 담겨 있었다. 예수님의 부활 능력에 대해 안다면 우리도 "주와 함께 죽으러 가자"고 말할 수 있다.

일례로 로마서 6장 8절에서 바울은 "만일 우리가 그리스도와 함께 죽었으면 또한 그와 함께 살 줄을 믿노니"라고 말한다.

우리는 자신의 목숨이 언제 끊어질지 알 수 없다. 내가 이 페이지를 다 쓰지 못하고 세상을 떠날 수도 있다. 따라서 우리가 죽기 전에 그리스도와 함께 죽는 것은 너무나 절실한 일이며, 죽음을 정복하는 유일한 길이다.

세상에 오신 하나님의 아들

예수께서 지체하지 않았어도 나사로는 그분이 도착하시기 전에 죽었을 것 같다. 베다니까지 가는 길은 도보로 대략 이틀 정도 걸리는 거리다. 그러나 예수님은 이틀을 더 지체하심으로써 혼수상태에 빠진 나사로가 소생법으로 깨어났느니, 하는 소문을 철저히 차단하기에 충분한 시간이 지나게 하셨다.

요한복음 11장 17절은 "예수께서 와서 보시니 나사로가 무덤에 있은

지 이미 나흘이라"고 전한다. 이 정도의 시간이면 나사로가 확실히 죽었음을, 그리고 그의 시신이 이미 부패하기 시작했음을 입증하기에 충분하다.

그래서 예수님과 제자들이 도착했을 때 나사로의 집은 온통 곡하는 분위기였다.

"베다니는 예루살렘에서 가깝기가 한 오 리쯤 되매 많은 유대인이 마르다와 마리아에게 그 오라비의 일로 위문하러 왔더니 마르다는 예수께서 오신다는 말을 듣고 곧 나가 맞이하되 마리아는 집에 앉았더라 마르다가 예수께 여짜오되 주께서 여기 계셨더라면 내 오라버니가 죽지 아니하였겠나이다 그러나 나는 이제라도 주께서 무엇이든지 하나님께 구하시는 것을 하나님이 주실 줄을 아나이다 예수께서 이르시되 네 오라비가 다시 살아나리라 마르다가 이르되 마지막 부활 때에는 다시 살아날 줄을 내가 아나이다 예수께서 이르시되 나는 부활이요 생명이니 나를 믿는 자는 죽어도 살겠고 무릇 살아서 나를 믿는 자는 영원히 죽지 아니하리니 이것을 네가 믿느냐 이르되 주여 그러하외다 주는 그리스도시요 세상에 오시는 하나님의 아들이신 줄 내가 믿나이다"(요 11:18-27).

여기서 예수님이 마르다에게 던지신 질문은 인생의 솔직한 마음을 드러내기 위한 신적 권위를 보여주는 또 하나의 사례다. 이 같은 질문의 첫 번째 사례는 "네가 어디 있느냐"이다(창 3:9). 그리고 바로 이어서 "누가 너의 벗었음을 네게 알렸느냐 내가 네게 먹지 말라 명한 그 나무 열매를 네가 먹었느냐"라는 질문이 나온다(11절). 가인에게는 하나님이 "네 아우 아벨이 어디 있느냐" 물으셨다(창 4:9). 하나님께서 이 질문들에 대한 답을 모르셨을까? 당연히 알고 계셨다.

예수님은 이런 질문을 자주 하셨다. 서기관들과의 대화중에 하신 질문이 좋은 예다.

"그들이 다시 예루살렘에 들어가니라 예수께서 성전에서 거니실 때에 대제사장들과 서기관들과 장로들이 나아와 이르되 무슨 권위로 이런 일을 하느냐 누가 이런 일 할 권위를 주었느냐 예수께서 이르시되 나도 한 말을 너희에게 물으리니 대답하라 그리하면 나도 무슨 권위로 이런 일을 하는지 이르리라 요한의 세례가 하늘로부터냐 사람으로부터냐 내게 대답하라 그들이 서로 의존하여 이르되 만일 하늘로부터라 하면 어찌하여 그를 믿지 아니하였느냐 할 것이니 그러면 사람으로부터라 할까 하였으나 모든 사람이 요한을 참 선지자로 여기므로 그들이 백성을 두려워하는지라 이에 예수께 대답하여 이르되 우리가 알지 못하노라 하니 예수께서 이르시되 나도 무슨 권위로 이런 일을 하는지 너희에게 이르지 아니하리라 하시니라"(막 11:27-33).

예수님은 그들이 무엇을 믿는지 아신다. 다만 그들의 솔직한 속내를 보기 원하실 뿐이다. 그분의 질문은 그들의 권위가 공허함을 드러낸다. 그들은 감히 지혜의 근원이신 분을 곤경에 빠트리려 하지만, 예수님은 그들이 전혀 예상하지 못한 질문으로 반박하신다. 그것은 그들로 하여금 솔직한 속내를 드러내든지, 아예 입을 다물게 하는 질문이다.

예수께서 하신 질문들 중 가장 의미심장한 것은 "너희는 나를 누구라 하느냐"(마 16:15)이다. 자신에 관한 사람들의 갖가지 견해들을 염두에 두신 예수님은 베드로에게 "내가 누구냐"고 물으셨다. 슬픔에 잠긴 마르다에게 하신 말씀도 본질적으로 같은 내용이다. 즉 예수님의 말씀은 이런 뜻이다. "마르다야, 그토록 슬퍼하는 이유가 무엇이냐? 왜 아무런 소망도 없는 사람처럼 슬퍼하느냐? 죽음의 문제를 해결해줄 궁극적 위로자가 바로 네 앞에 있지 않으냐! 나를 믿는 자는 죽지 않을 것이다. 이것을 믿느냐?"

베드로의 고백처럼 마르다의 고백 역시 바위처럼 굳건하며 모든 세대를 위한 것이다. "주여 그러하외다 주는 그리스도시요 세상에 오시는 하나님의 아들이신 줄 내가 믿나이다"(요 11:27).

예수님의 말씀은 죽음을 다른 빛 안에서, 즉 하나님의 영광의 빛 안에서 보게 한다. 그것은 죽음의 어둠을 몰아내는 빛이다.

세상을 위한 하나님의 계획은 피조물의 반역을 그대로 방치하는 것이 아니다. 그분은 이 세상과 사람을 좋게 지으셨다. 따라서 죽음의 승리를 간과하지 않으신다.

마지막 날에 그가 땅에 서며(욥 19:25), 치료하는 광선을 지닌 해처럼 떠오르실 것이다(말 4:2). 죽음이 우리를 취할지라도 우리는 육체 밖에서 하나님을 볼 것이다(욥 19:26).

물이 바다를 덮음같이 여호와의 영광을 아는 지식이 온 땅에 덮이는 것이 하나님의 비전이다(합 2:14). 그분의 영광을 아는 지식은 그리스도 안에서 절정에 달한다. 그리스도는 하나님의 영광의 계시(히 1:3)다. 따라서 그리스도가 새 하늘과 새 땅의 등불로 지칭되시는 것은 전혀 놀라운 일이 아니다(계 21:23).

"우리도 주와 함께 죽으러 가자"고 했을 때, 도마는 무심결에 자신도 모르는 진리를 말했다. "주는 그리스도시요 세상에 오시는 하나님의 아들"이라고 한 마르다의 고백도 마찬가지다.

복음서에서 우리는 하나님의 아들이신 예수 그리스도의 말씀과 행동을 통해 하나님의 나라가 세상에 임하는 것을 본다. 그는 만물을 충만케 하시며(엡 4:10), 무덤마저 생명으로 채우신다.

자상하신 그리스도

나사로를 살리신 이야기에서 우리는 성육신하신 하나님의 자상하심을 엿볼 수 있다.

"이 말을 하고 돌아가서 가만히 그 자매 마리아를 불러 말하되 선생님이 오셔서 너를 부르신다 하니 마리아가 이 말을 듣고 급히 일어나 예수께 나아가매 예수는 아직 마을로 들어오지 아니하시고 마르다가 맞이했던 곳에 그대로 계시더라 마리아와 함께 집에 있어 위로하던 유대인들은 그가 급히 일어나 나가는 것을 보고 곡하러 무덤에 가는 줄로 생각하고 따라가더니 마리아가 예수 계신 곳에 가서 뵈옵고 그 발 앞에 엎드리어 이르되 주께서 여기 계셨더라면 내 오라버니가 죽지 아니하였겠나이다 하더라 예수께서 그가 우는 것과 또 함께 온 유대인들이 우는 것을 보시고 심령에 비통히 여기시고 불쌍히 여기사 이르시되 그를 어디 두었느냐 이르되 주여 와서 보옵소서 하니 예수께서 눈물을 흘리시더라 이에 유대인들이 말하되 보라 그를 얼마나 사랑하셨는가 하며 그중 어떤 이는 말하되 맹인의 눈을 뜨게 한 이 사람이 그 사람은 죽지 않게 할 수 없었더냐 하더라"(요 11:28-37).

32절에 수록된 마리아의 말 속에는 서운한 감정이 들어 있다. 말하자면 이런 식이다. "이런 일은 일어나지 말았어야 합니다. 주께서 무언가를 해주셨어야 해요. 이건 옳지 않아요."

이와 같은 마리아의 항변은 죄로 인해 훼손되었으나 여전히 '하나님의 형상'을 지닌 인간 본성의 본질적인 면을 보여준다. 즉 죽음에 대한 분노는 하나님의 존재를 뒷받침하는 증거다.

자연주의나 도덕적 상대주의 입장에서는 도덕적 분노를 느낄 이유가 없다. 만일 우리가 수십억 년에 걸쳐 진행되어온 자연 과정의 우연한 산물일 뿐이라면, 죽음이나 무고한 자에 대한 살인이나 대량학살 등이 그릇되다고 말할 이유가 없다.

즉 자연주의와 진화론 등이 가르치는 것은 약자 보호가 아니라 적자생존이다.

오늘날의 무신론자들과 세속적 휴머니스트들은 자신들도 도덕적일 수 있고, 사회의 발전과 더불어 도덕도 진화한다고 주장한다. 하지만 그들이 말하는 도덕성이란 공리주의일 뿐이다(특정한 시기에 인류에게 이로운 것은 무엇이든 도덕적이다).

따라서 그들은 코네티컷주 뉴타운의 샌디 후크 초등학교에서 애덤 란자가 어린아이를 포함한 27명을 살해한 것을 나쁜 행위로 규정한다. 이 시대에는 약자 보호가 사회를 유익하게 하기 때문이다. 아니, 보다 정확히 말하면, 그 27명의 가족이 그들이 살아 있기를 원하기 때문이다(무신론자들이 매일 수천 명의 태아를 살해하는 '낙태'를 대수롭지 않게 여기는 것도 이런 논리 때문이다).

하지만 이런 공리주의적 논리가 우리 안에 내재된 분노의 감정을 제대로 설명할 수 있을까? 살인이 나쁜 이유가 특정한 시대에 그것이 유익하지 않기 때문일까? 그것이 우리 사회의 진화된 가치에 근거하여 나쁜 것일까? 이런 논리라면, 2012년 12월 14일에 뉴타운에서 발생한 그 사건이 100년 후에는 나쁘지 않은 것으로 규정될 수도 있다.

하지만 그리스도인은 "살인이 나쁜 것은 그 행위 자체가 나쁘기 때문"이라고 말한다. 그것이 나쁜 이유는 하나님이 "살인하지 말라"고 명하시며(출 20:13), 그분이 남자와 여자를 당신의 형상대로 지으셨기에 사회에 유익하든 그렇지 않든 인간의 생명 자체가 소중하기 때문이다.

무고한 어린아이를 죽이는 것이 악한 이유는 무엇이 선하고 악한지를 선언하시는 거룩하신 하나님이 계시기 때문이다. 그리고 우리가 본능적으로 선한 것과 악한 것이 있음을 아는 까닭은 적절히 작동하는 뇌 속의 시냅스나 시일이 지나면서 개발되는 감정적 애착 때문이 아니라 하나님이 우리 안에 정의감을 심어두셨기 때문이다.

마리아의 기대감을 유발한 것도 바로 이 정의감이며, 예수께서 십자가를 지셨던 것도 죄에 대한 징벌을 대신 당하시기 위한 무거운 정의감에서였다.

요한복음 11장 33-35절은 예수님의 인간성을 여실히 보여준다. 33절에서 마리아는 마르다보다 더 큰 슬픔을 드러내며, 이에 대한 예수님의 반응 또한 격했다.

이에 대해 스티븐 에반스는 예수님의 반응을 묘사하는 헬라어 본문이 "마치 말이 코를 불며 거칠게 숨을 몰아쉬는 모습"을 연상시킨다고 설명했다.[37]

예수님이 비통해하신 것은 죽음을 제압하는 자신의 능력이 불신당한 것에 대한 실망이나 분노 때문이었다. 치명적인 질병을 치유하는 능력으로 죽음 자체를 치유하실 수는 없단 말인가? 많은 사람이 이 같은 의심을 피력했다(요 11:37).

물론 슬픈 건 슬픈 것이다. 예수님도 그 점을 이해하셨다. 그분이 실망하신 것은 단지 친구들의 믿음 결핍 때문이 아니었다. 죽음 자체에 대해서도 실망하셨다. "예수께서 눈물을 흘리시더라"는(35절) 성경에서 가장 짧은 절이다. 대부분의 주해가들이 동의하는 것처럼, 예수께서 우신 것은 친구 나사로가 죽었기 때문이다.

하지만 예수께서 우신 보다 깊은 이유는 죽음이라는 실재 때문이다. 그분은 죽음마저 제어하시는 아버지의 주권을 확신하셨다. 또 그분의 제자들과 친구들이 아직은 죽음이 정복될 것을 이해하지 못한다는 것을 알고 계셨다. 그분은 죽음을 정복하기 위해 지불해야 하는 대가가 무엇인지 아셨고, 죽음을 불가피하게 만든 죄악도 알고 계셨다. 그것은 하나님의 거룩함에 반하는 죄악임과 동시에 예수님 자신에 대한 죄악이기도 했다.

그래서 이제 곧 나사로를 다시 살리실 것이고 그분 자신이 무덤을 정복할 것을 아셨지만, 죽음이라는 심각한 문제 앞에서 눈물을 흘리셨다.

이처럼 예수님이 죽음에 대해 잘 아신다는 사실은 우리에게 위안이 된다. 그분은 슬픔이 무엇인지 아신다. 마음의 상처가 어떤 건지, 버림받은 느낌이 어떤 것인지도 아신다(마 27:46; 시 22:1).

이 모든 것이 예수님의 감정적인 반응 속에 내포되어 있다. 그분은 인류의 결함들을 수동적으로 지켜보기만 하시는 것이 아니라 적극적으로 동참하신다. 우리와 거리감을 두시는 것이 아니라 자신의 손에 더러운 것을 묻히신다. 자신의 손으로 우리의 눈물을 닦아주시고 자애로우신 구주의 영광으로 우리를 인도하신다. 에반스는 이렇게 말한다.

이 이야기는 단지 나사로에 관한 것이 아니라 예수님과 두 자매에 관한 것이다. 그 관계는 심한 긴장상태에 놓여 있지만 한편으로는 예수님의 이적으로, 또 한편으로는 예수님의 발에 향유를 부은 마리아의 행동으로 드러난 것처

럼 예수님과 마리아, 그리고 마르다 간의 사랑과 충성이 마침내 승리하게 되는 관계다.[38]

마리아의 슬픔의 눈물이 기쁨의 향유가 된다. 이는 성육신의 목표다. 하나님은 사람들의 기대와 달리 인간이 되신다. 그리고 하나님이자 사람이신 그리스도는 사람들의 기대와 달리 부활하신다. 그래서 자신의 친구들에 대한 사랑의 참된 깊이를 보여주신다.

부활과 생명

바울은 두려워하는 디모데에게 "하나님이 우리에게 주신 것은 두려워하는 마음이 아니요"라고 말했다(딤후 1:7). 따라서 "두려워 말라"는 영원토록 울려 퍼지는 명령이다.

그렇다면 우리가 두려워하지 말아야 하는 이유는 무엇일까? 죽음을 피할 수 있어서일까? 아니다. 우리 안에 계신 분이 세상에 있는 자보다 크심을 알기 때문이다(요일 4:4). 즉 생명 자체이신 분이 죽음을 무기로 삼는 자보다 더 크시다.

우리는 우는 자들과 함께 울고, 슬퍼하는 자들을 위로한다. 하지만 죄와 사망에서 모든 게 끝나지 않음을 알기에 용기를 갖는다. 우리는 사망의 날들이 계수됨을 안다. 또 그리스도께서 십자가에서 죄를 이기시고 부활로 죽음을 이기셨기 때문에, 슬퍼하는 자들이 위로받을 수 있음을 안다. 최후 결정권은 그분께 있다.

"또 내가 새 하늘과 새 땅을 보니 처음 하늘과 처음 땅이 없어졌고 바다도 다시 있지 않더라 또 내가 보매 거룩한 성 새 예루살렘이 하나님께로부터 하늘에서 내려오니 그 준비한 것이 신부가 남편을 위하여 단장한 것 같더라 내가 들으니 보좌에서 큰 음성이 나서 이르되 보라 하나님의 장막이 사람들과 함께 있으매 하나님이 그들과 함께 계시리니 그들은 하나님의 백성이 되고 하나님은 친히 그들과 함께 계셔서 모든 눈물을 그 눈에서 닦아주시니 다시는 사망이 없고 애통하는 것이나 곡하는 것이나 아픈 것이 다시 있지 아니하리니 처음 것들이 다 지나갔음이러라 보좌에 앉으신 이가 이르시되 보라 내가 만물을 새롭게 하노라 하시고 또 이르시되 이 말은 신실하고 참되니 기록하라 하시고"(계 21:1-5).

하나님과 그분의 말씀은 진실하고 신뢰할 만하므로, 우리는 죽음에 대한 설명과 위안을 찾기 위해 굳이 세상적인 견해에 귀 기울일 필요가 없다. 우리의 믿음에 대해 변명하거나 의심을 피력할 필요도 없다. 우리는 미래를 알고 있다. 끝도 알고 있다.

우리가 낙관주의로 소망을 품는 것도 바로 이 때문이다. 예수께서 모든 것을 새롭게 하시므로 우리는 소망 없는 자들처럼 슬퍼할 수 없다. 죽음도 슬픔도 고통도 없는 날이 올 것이다. 그분이 그날을 약속하셨고 그 약속을 실현하실 것이다.

"이에 예수께서 다시 속으로 비통히 여기시며 무덤에 가시니 무덤이 굴이라 돌로 막았거늘 예수께서 이르시되 돌을 옮겨 놓으라 하시니 그 죽은 자의 누이 마르다가 이르되 주여 죽은 지가 나흘이 되었으매 벌써 냄새가 나나이다 예수께서 이르시되 내 말이 네가 믿으면 하나님의 영광을 보리라 하지 아니하였느냐 하시니 돌을 옮겨 놓으니 예수께서 눈을 들어 우러러 보시고 이르시되 아버지여 내 말을 들으신 것을 감사하나이다 항상 내 말을 들으시는 줄을 내가 알았나이다 그러나 이 말씀 하옵는 것은 둘러선 무리를 위함이니 곧 아버지께서 나를 보내신 것을 그들로 믿게 하려 함이니이다 이 말씀을 하시고 큰 소리로 나사로야 나오라 부르시니 죽은 자가 수족을 베로 동인 채로 나오는데 그 얼굴은 수건에 싸였더라 예수께서 이르시되 풀어 놓아 다니게 하라 하시니라"(요 11:38-44).

내가 본문을 가르칠 때 항상 언급하는 것은, 나사로에게 무덤에서 빠져나오는 특별한 비결이 필요했던 게 아니라는 사실이다. 오직 그리스도의 말씀만 있으면 된다. 그는 그리스도의 명령에 의해 다시 살아났다. 예수께서 말씀하시자 다시 살아났다. 그는 그 말씀에 순종하지 않을 수 없었다.

우리의 죽은 심령도 마찬가지다. 그리스도께서 우리에게 영적 사망의 무덤으로부터 나오라고 명하실 때, 그분은 우리에 대한 권리를 주장하신다. 즉 우리는 그분께 속했다. 그분은 우리를 산 자의 땅으로 이끄시고, 우리의 수의를 의의 옷으로 바꾸신다. 죄와 사망에게 "그를 풀어 놓아 다니게 하라"고 명하신다. 더 이상 우리는 죽음에 속박되지 않는다.

　이와 같이 우리는 놀랍게도 육체적인 죽음에 속박되지 않는다. 죽어도 죽지 않는다. 따라서 우리는 더 이상 울지 않을 것이며, 깨달음만 있을 것이다.

THE WONDER WORKING GOD

9. 일어날 시간

C. S. 루이스에 의하면, 기독교는 "적법한 왕이 임하여 위대한 태업(sabotage) 운동에 동참하도록 우리를 부르시는 이야기다."39)

예수님은 복음서에서 갖가지 설교와 이야기와 이적들을 통해 자신의 주권적인 구원의 축복을 알리거나 실행하신다. 그분의 영광스러운 계시와 역사하시는 성령의 능력, 그리고 그분의 빛과 생명으로 우리를 당신의 나라로 이끄심을 보여주신다.

지금도 예수 그리스도의 영화로운 빛이 역사 속에 밀려들어 소망의 횃불을 밝히고 있다.

예수님의 지상사역 기간 동안 죄와 사망의 포로들이 해방되었을 때, 사람들은 크게 기뻐하며 놀랐다.

"그들이 별을 보고 매우 크게 기뻐하고 기뻐하더라"(마 2:10).

"그들이 다 놀라 하나님께 영광을 돌리며 이르되 우리가 이런 일을 도무지 보지 못하였다 하더라"(막 2:12).

"모든 사람이 놀라 하나님께 영광을 돌리며 심히 두려워하여 이르되 오늘 우리가 놀라운 일을 보았다 하니라"(눅 5:26).

"그 사람들이 놀랍게 여겨 이르되 이이가 어떠한 사람이기에 바람과 바다도 순종하는가 하더라"(마 8:27).

"그들이 서로 말하되 길에서 우리에게 말씀하시고 우리에게 성경을 풀어주실 때에 우리 속에서 마음이 뜨겁지 아니하더냐 하고"(눅 24:32).

"그 여자들이 무서움과 큰 기쁨으로 빨리 무덤을 떠나 제자들에게 알리려고 달음질할새"(마 28:8).

이것은 사망에서 생명으로 넘어가는 자들의 외침이다. 이러한 환호성은 깊은 좌절에 빠졌다가 구주의 강하신 팔에 붙들리게 된 사람들에 의해 오늘날에도 계속 이어진다.

그 기쁨은 너무나 크고 풍성하며 포괄적이고 영원하여, 새로운 소망과 꿈을 북돋우며 두려움과 염려를 내쫓는다.

내가 섬기는 버몬트주의 '미들타운 스프링스 커뮤니티 교회'는 뉴잉글랜드의 전형적인 그린타운에 위치하며, 대각선 방향에는 오래된 공동묘지가 있다. 그곳에 있는 무덤 대부분은 미국독립선언 이전의 것들이다. 때문에 오랜 세월과 풍화작용으로 판독이 힘든 비문들이 있다. 하지만 선명하게 글씨가 남아 있는 묘비들도 있다. 내가 좋아하는 비문 중 하나는 다음과 같다.

친구들이여, 우리가 그것을 맞이할 준비만 되어 있다면
죽음은 결코 두려운 것이 아니라네.
우리가 이 고통의 세상을 떠날 때,
예수께서 모든 것을 기쁘게 하시리.

4행의 이 짧은 문구 속에 하나님 나라의 신학이 들어 있다. 그리스도께서 애곡을 웃음으로, 두려움을 확신으로, 심지어 죽음을 생명으로 전환시키신다. 그리스도 안에서 저주는 순식간에 전환될 수 있다. 그것은 형언하기 힘든 기쁨이다.

아버지와 딸

아내인 베키와 내가 처음으로 깊은 슬픔에 잠긴 것은 둘째 아이가 유산될 때였다. 우리 둘 다 사랑하는 이들과 사별한 경험이 있었지만, 그토록 상심한 적은 없었다. 베키가 특히 그랬다.

뭔가 잘못되었음을 알리는 첫 번째 신호를 감지했을 때, 우리는 곧장 병원으로 향했다. 어둑한 초음파실에서 담당자가 아내의 배를 이리저리 검사하던 광경이 생생하게 기억난다.

담당자와 보조자가 작은 소리로 소곤거렸다. 우리가 의사를 만날 때까지 그들은 우리에게 구체적인 얘기를 하지 않았다. 마치 캄캄한 어둠이 엄습하는 것 같았다.

얼마 후, 의사가 우리 아이가 유산되었음을 알려주었다. 그 충격은 엄청났다. 아무것도 생각할 수도, 느낄 수도 없었다.

베키와 내가 그 충격적인 소식에 휘청거리면서 검사실에 앉아 있을 때, 얼간이 같은 한 남자간호사가 들어와 농담을 건넸다.

우리가 아무런 반응도 보이지 않자, 그는 우리를 웃기기 힘든 관중으로 여겼는지 또 다른 농담을 시도했다. 아마 그는 우리가 어떤 소식을 들었는지 모르고 있었을 것이다. 나는 그렇게 믿고 싶다. 그렇지 않고서는 우리를 유쾌하게 만들려는 그런 어처구니없는 노력을 하지 않았을 것이다. 그게 아니라면, 그는 환자를 대하는 훈련을 제대로 받지 못했을 것이다.

어쨌든 그의 행동은 너무 황당했다. 한 방 날리고 싶었지만 마음속만 들끓었다. 마치 죽음이 우리를 조롱하는 것 같은 느낌이었다.

베키의 충격은 여러 날 동안 지속되었다. 슬픔의 시간을 보내면서 나중에야 감정이 분출되었다. 그러나 나는 다음 날 곧바로 무너져내렸다. 하루 종일 침대에 누워 흐느꼈다. 우리는 아기 이름을 에인절로 지었고, 비통함이 다소 진정되었을 때 천국에서 에인절과 재회할 거라는 소망을 품었다.

몇 달 후 아내는 다시 임신했다. 스트레스와 다른 요소들이 태아의 성장을 방해하여 베키가 많이 불안해했다.

한 차례 유산을 겪은 후인지라, 우리는 새 아기가 어떻게 될지에 대해 몹시 염려했다.

우리의 둘째 딸은 아내의 배 속에서 열 달을 꽉 채웠다. 그러나 출산 당일에 첫째 아이보다 훨씬 빨리 나왔는데도 곤란한 문제가 생겼다. 탯줄의 위치가 문제였다.

우리 아기는 세상으로 나왔지만 울지 않았다. 모두를 불안하게 만드는 침묵이었다.

간호사가 아기를 아기침대로 옮겼다. 간호사의 표정이 심각해 보였다. 당시 비디오카메라로 촬영을 하던 나는 카메라를 내려놓았다. 무언가가 잘못된 것 같았다.

아기의 호흡에 문제가 있었다. 간호사가 허둥댈수록 내 마음은 더 심란했다. 기관지와 폐의 이물질을 제거하는 작업을 여러 차례 시도한 후, 아기는 극적으로 울음을 토해냈다. 내가 들어본 가장 아름다운 울음이었다.

우리는 아기의 이름을 그레이스로 지었다. 그 아이는 에인절을 잃은 지 1년 후인 7월 5일에 태어났고 그 이후로 지금까지 잘 자라주었다.

나는 당시 내가 겪었던 모든 스트레스와 두려움과 놀람과 기쁨을 야이로의 딸에 관한 마가복음에서 발견했다. 예수님은 모든 것을 새롭게 하신다.

"예수께서 배를 타시고 다시 맞은편으로 건너가시니 큰 무리가 그에게로 모이거늘 이에 바닷가에 계시더니 회당장 중의 하나인 야이로라 하는 이가 와서 예수를 보고 발아래 엎드리어 간곡히 구하여 이르되 내 어린 딸이 죽게 되었사오니 오셔서 그 위에 손을 얹으사 그로 구원을 받아 살게 하소서 하거늘"(막 5:21-23).

그 일이 있기 바로 전에, 귀신 들린 거라사인이 예수님의 발아래 엎드렸다(6절). 그와 같이 발아래 엎드리는 것은 믿음의 행위였다.

거라사인 귀신 축사 때는 마을 사람들이 예수님께 "떠나시기를" 부탁한(막 5:17) 반면, 회당장은 자기와 함께 가주실 것을 간곡히 청한다. 이 차이는 어디서 비롯되었을까?

전자의 경우에는 예수님의 귀신 축사로 이천 마리의 돼지가 몰살당하는 재산 피해가 있었다(13절).

즉 야이로는 예수님을 가까이함으로써 자신의 신분과 명성에 큰 타격을 입을 처지에 놓였다. 하지만 그에게는 자신의 "어린 딸"이 훨씬 더 소중했다.

야이로의 딸은 열두 살이다(42절). 열두 살이면 그렇게 어린 나이가 아니다.

하지만 아빠의 눈에는 자신의 딸이 아무리 나이를 많이 먹어도 여전히 어리게 보인다.

"어린 딸"이라는 표현은 아빠의 깊은 사랑을 보여준다. 나중에 예수님도 이처럼 애정 어린 표현을 사용하셨다(41절).

야이로의 요청에는 두려움과 믿음이 뒤섞여 있었다. "오셔서 그 위에 손을 얹으사 그로 구원을 받아 살게 하소서."

이것은 내가 어두운 초음파실에서 드렸던 기도다. 그레이스가 첫 번째 숨을 급하게 몰아쉴 때도 그렇게 기도했다. 슬픔과 두려움 속에서 나 자신과 베키를 위해 기도했던 내용이기도 하다. "예수님, 우리는 주님의 손길이 필요합니다. 우리는 지금 죽음을 느낍니다. 주님의 손으로 죽음을 물리쳐주소서."

우리가 믿음으로 예수님께 와주실 것을 부탁하면, 그분은 언제나 그 부탁을 들어주신다.

"이에 그와 함께 가실새 큰 무리가 따라가며 에워싸 밀더라"(24절).

이 대목에서 혈루증 앓는 여자를 치유하시는 이야기가 끼어든다. 극적 효과를 내기 위해 마가가 이렇게 배열한 것이 아니라 실제 순서에 따른 기록이다. 마태와 누가도 동일한 방식으로 기록했다. 혈루증 앓는 여자를 치유하신 것 자체가 나름의 교훈을 제시하지만, 섭리적으로 중간에 끼어든 이 기사는 예수께서 나사로에게로 가시기 전에 지체하신 사실을 기록한 내용과 같은 역할을 한다.

요컨대 이 여자를 치유하시면서 시간을 보내신 결과 야이로의 딸이 죽었다.

"아직 예수께서 말씀하실 때에 회당장의 집에서 사람들이 와서 회당장에게 이르되 당신의 딸이 죽었나이다 어찌하여 선생을 더 괴롭게 하나이까"(35절).

이 말을 들은 야이로의 마음이 어떠했을까? 아마도 좌절감과 깊은 실망감을 느꼈을 것이다. 분노가 치밀었을 수도 있다.
때로는 예수께서 너무 시간을 오래 끄시는 것 같다. 그분의 반응은 종종 너무 늦게 여겨진다.

예수께서 혈루증 앓는 여자를 치유하시는 동안 야이로는 무슨 생각을 했을까? 성경 본문에는 그가 불만을 토로한 내용이 보이지 않지만, 분명 그의 마음속에서는 불안이 커져갔을 것이다. 마르다와 마리아처럼 그도 예수님의 치유 능력에 대한 믿음을 표했다. 하지만 그는 죽은 자를 다시 살리시는 예수님의 능력에 대해서는 확신하지 못하거나 아예 생각조차 하지 않았을 것이다.

예수님은 모든 염려를 몰아내신다.

"예수께서 그 하는 말을 곁에서 들으시고 회당장에게 이르시되 두려워하지 말고 믿기만 하라 하시고 베드로와 야고보와 야고보의 형제 요한 외에 아무도 따라옴을 허락하지 아니하시고 회당장의 집에 함께 가사 떠드는 것과 사람들이 울며 심히 통곡함을 보시고"(막 5:36-38).

그 소녀는 이미 죽은 것으로 판명 났다. 그래서 마태복음 9장 23절에서처럼, 직업적인 대곡꾼들이 와 있었다. 그러나 예수님은 너무 늦은 것처럼 보일 때 모습을 드러내신다. 모든 소망이 사라진 것 같은 순간에 비추어오는 소망이 가장 밝게 빛난다.

"들어가서 그들에게 이르시되 너희가 어찌하여 떠들며 우느냐 이 아이가 죽은 것이 아니라 잔다 하시니"(39절).

믿는 자들에게는 이적을 시사하는 예수님의 말씀이 슬픔 중에 큰 위안이지만 세상 사람들에게는 그 말씀이 어리석다.

"그들이 비웃더라 예수께서 그들을 다 내보내신 후에 아이의 부모와 또 자기와 함께한 자들을 데리시고 아이 있는 곳에 들어가사"(40절).

믿는 자들을 조롱하고 그들의 슬픔과 소망을 비웃는 자들이 징벌을 당할 날이 올 것이다. 너무 지체되는 것처럼 느껴질지라도 그날의 도래를 의심하지 말자.

교회를 향한 세상 사람들의 조롱은 하나님이 계획하신 시간까지만 허용될 것이다. 단 1초도 더 허락되지 않는다. 벅찬 감격으로 가득할 승리의 기쁨 속에서, 주께서 비웃음과 조롱을 멈추게 하실 것이다. 그리고 자녀들의 손을 잡고 그들을 구원하실 것이다.

"그 아이의 손을 잡고 이르시되 달리다굼 하시니 번역하면 곧 내가 네게 말하노니 소녀야 일어나라 하심이라"(41절).

'달리다'는 문자적으로 '어린 소녀'를 뜻한다. 이 애칭을 통해 예수님은 소녀를 향한 그 아버지의 애정 어린 마음을 공유하신다(23절). 또한 당시의 언어문화에서 '달리다'는 단순히 '어린 소녀'라는 의미 이상으로 훨씬 더 다정하며 감미로운 어감을 주는 말이었다.

41절에서 예수님이 하신 말씀에는 어떤 의미가 들어 있을까? 그 소녀는 죽었지만 예수는 주이시며, 육체를 입으신 하나님이며, 생명과 죽음을 주관하시며, 모든 통치자와 권세자의 머리이시며, 알파와 오메가요, 처음과 나중이시며, 또한 말씀으로 우주를 존속시키시는 분이므로, 마치 소녀가 아침을 먹고 학교에 갈 시간인 것처럼 말씀하신다. "아가야, 일어날 시간이란다."

이와 관련하여 팀 켈러는 「왕의 십자가」(King's Cross)에서 이렇게 쓴다.

예수님은 이 아이의 부모가 화창한 아침에 할 법한 일을 하고 계신다. 그분은 가만히 앉아서 아이의 손을 잡고 "아가야, 일어날 시간이란다."라고 말씀하신다. 그러자 아이가 일어난다. 예수님은 인류의 가장 무자비하고 냉혹한 대적과 마주하셨지만 아이의 손을 잡고 부드럽게 일으키셨다. "아가야, 일어나거라." 마치 이렇게 말씀하시는 것 같다. "내가 네 손을 잡으면, 죽음은 잠 같은 것에 불과하단다."

군중 속에 있을 때나 어둠 속에서 부모의 손을 놓치는 것보다 어린아이를 더 놀라게 하는 일은 없다. 하지만 그것도 예수께서 친히 겪으신 상실과 비교하면 아무것도 아니다. 그분은 십자가에서 아버지의 손을 놓치셨다. 그분이 무덤으로 들어가셨기 때문에 우리가 무덤에서 나올 수 있다. 그분이 아버지의 손을 놓치셨기 때문에, 우리는 일단 그분이 우리 손을 잡으시면 결코 그것을 놓지 않으실 거라는 사실을 알 수 있다.[40]

모든 슬픔, 모든 고통, 모든 두려움, 허물어진 삶의 모든 중압감이 "아가야, 일어날 시간이란다."라는 부드러운 말씀 앞에서 잠잠해진다. 마치 예수께서 한 마디 명령으로 사나운 폭풍을 곧바로 잠재우셨듯이 죽음 또한 즉시 중지시키셨다.

나는 내 딸 에인절을 만나고 싶다. 그 아이의 미소가 너무 보고 싶다. 하나님은 내게 두 딸을 주셨다. 그들은 내 삶의 빛이요 기쁨이다. 나는 엄마를 닮았을 에인절의 미소와 푸른 눈을 마음속에 그려본다. 그리스도께서 이런 환상적인 일을 허락해주실 것이다.

이 세상에서의 내 삶이 마감될 때, 나는 그분의 영화로우신 임재와 능력 안에서 내 손을 잡고 천상의 언어로 "아빠, 일어날 시간이야."라고 말하는 에인절을 만나게 될 것이다.

완벽한 아침

고린도전서 15장에서 바울이 묘사하는 내용은 사실로 믿기 힘들 만큼 대단하다. 그 진리에 대해서는 다음 장에서 고찰하겠지만, 그것은 마가복음 5장에 예시된(foreshadowed) 것의 성취라 할 수 있다.

물론 예수님 자신의 부활을 제외한 복음서의 모든 부활은 우리가 소망하는 부활이 아니다. 그것은 매우 놀라운 이적이지만, 장차 계시될 영광에 비하면 보잘것없어 보인다.

나사로는 다시 죽어야 했다. 나인성 과부의 아들도 다시 죽어야 했다. 야이로의 딸도 결국 죽어야 했다. 그러므로 장차 올 부활이 훨씬 더 좋다.

야이로는 딸이 자신보다 더 오래 살기를 바랐을 것이고, 아마 그 바람대로 되었을 것이다. 죽은 자가 살아나는 이적을 보면서 죽음에 대한 그의 생각이 완전히 바뀌었을 것이다. 이전과 다른 전혀 새로운 시각으로 죽음을 보게 되었을 것이다.

"소녀가 곧 일어나서 걸으니 나이가 열두 살이라 사람들이 곧 크게 놀라고 놀라거늘"(막 5:42).

크게 놀라는 것은 그리스도의 능력을 목격한 자에게서 나오는 당연한 반응이다. 과부의 아들이 살아났을 때도 사람들은 두려워하며 "하나님께서 자기 백성을 돌보셨다"고 외쳤다(눅 7:16).

부활이란 바로 그런 것이다. 만일 죽음이 죄의 대가이며(롬 6:23) 죄가 하나님의 영광에서 멀어진 것이라면(롬 3:23), 하나님의 영광이 가까울 때 죽음은 생명으로 대체된다(롬 6:4).

성경에 나오는 모든 부활 사례는 장래의 부활을 예시하는 것이다. 그 때에 우리는 쇠할 몸으로 다시 살아나는 것이 아니라 썩지 않고 천상의 영광을 입은 변화된 몸으로 살아날 것이다.

미들타운 스프링스 공동묘지의 비문들 중 내가 좋아하는 또 다른 비문은 램슨 마이너라는 사람의 묘비에 새겨진 것이다. 그는 1806년 9월

2일, 32세의 나이에 죽었다. '때 이른' 죽음이었음이 분명하다. 그의 비문의 내용은 다음과 같다.

> 나는 갑작스럽고 예기치 않게 이 고적한 집으로 불려왔다.
> 주의하라, 주의하라. 시간이 빠르게 지나고 있다.
> 나는 곧 완벽한 아침에 깨어날 것이다.
> 형제자매들이여, 램슨은 잠들어 있을 뿐이다.
> 일어날 때가 되면 곧바로 깨어날 것이다.

THE WONDER WORKING GOD

10. 영원하신 분의 이적적인 자기계시

"내가 내 아버지의 이름으로 행하는 일들이 나를 증거하는 것이거늘"(요 10:25).

예수께서 자연을 이적적으로 움직이시는 것은 주권적인 주인으로서의 영광을 계시하고, 그분의 이적적인 치유는 창조주와 회복주로서의 영광을 계시하며, 그분의 이적적인 구원들은 주와 구주로서의 영광을 계시하고, 또 죽은 자를 이적적으로 일으키심은 영원하신 하나님으로서의 영광을 계시한다.

그분의 강력한 표적 모두가 주로 그분의 그리스도 되심을 증언한다. 물론 그 이적들이 당사자들을 유익하게 하지만, 모두 자기 지시적이기도(self-referential) 하다.

또 은사중지론(cessationism, 은사와 이적과 기사가 사도시대와 더불어 지나갔다는 주장-역주) 대 은사지속론(continuationism)의 논쟁 같은 것이 매력적이긴 하지만, 거기에 빠져들다 보면 하나님과 하나님 나라에 대한 강력한 선언이라는 이적의 핵심적인 의의를 간과하기 쉽다.

예수님은 많은 이적을 행하셨지만 사실 그분 자신이 본질적으로 이적이셨다. 그러므로 이 장에서는 그분의 존재와 그분의 이적적인 자기계시에 대해 살펴보고자 한다.

성육신

나사렛의 예수 그리스도라는 역사적인 인물을 성경에서 하나님의 아들로 선언하는 것은 솔직히 놀라운 일이다. 그리스도인들은 "그 외아들 우리 주 예수 그리스도를 믿사오니"라는 사도신경을 고백한다. 여기서 말하는 "주"는 하나님을 가리키는 신성한 칭호다.

어떻게 이런 일이 가능한 걸까? 왜 우리는 사람을 가리켜 하나님이라 부르는가? 사람이 하나님이 되신 걸까? 그가 우리와 똑같은 사람으로 태어났다가 나중에 신성을 지니시게 된 것인가?

사도신경은 예수님이 "성령으로 잉태하사 동정녀 마리아에게" 나셨음을 상기시킨다. 이 짧은 문구가 성육신 교리를 요약하며 이렇게 가르친다.

예수님은 온전한 하나님이신 동시에 온전한 사람이었다. 그는 사람처럼 보이신 하나님이 아니다. 또 하나님의 사신이나 양자로 "하나님"이라는 호칭을 받은 분이 아니다. 예수님은-본질적으로, 전적으로, 그리고 실제로-하나님이면서 사람이셨다. 삼위일체 하나님의 제2위요 영원히 나신 아들이 인간의 몸을 입으셨다.

성경에서 그분의 성육신은 성령의 초자연적 능력에 의한 것으로 언급된다. 누가는 마리아에게 전해진 예수 탄생의 약속을 이렇게 전한다.

"천사가 대답하여 이르되 성령이 네게 임하시고 지극히 높으신 이의 능력이 너를 덮으시리니 이러므로 나실바 거룩한 이는 하나님의 아들이라 일컬어지리라"(눅 1:35).

예수님께는 생물학적인 아버지가 없지만 생물학적인 어머니는 있었다. 성령이 마리아의 난자를 수태시켜 하나님의 아들이라는 신성한 접합자(zygote)를 생성케 하실 때까지 마리아는 처녀였다. 이 아기는 다른 건강한 태아처럼 엄마의 배 속에서 충분한 기간을 채우고 태어났다. 그는 살과 피, 그리고 정상적인 모든 신체 기능을 지녔다. 약하고 상처 입기 쉬웠으며, 음식과 성장과 학습을 필요로 했다(눅 2:52).

예수께서 땅 위를 걸어 다녔던 실제 사람이었다는 것은 의심할 여지없는 사실이다. 고대의 기독교 역사가들과 세속 역사가들 모두가 그분의 존재를 입증한다. 그러나 기독교 신학에 반대하는 자들이 전형적으로 반박하는 것은 예수님의 인성이 아니다. 그토록 많은 사람이 거부하는 것은 예수님이 마리아라는 젊은 여자에게서 태어나셨다는 사실이 아닌, 그분의 신성이다.

그러나 성경에는 예수님의 신성을 증언하는 구절들이 많다. 빌립보서 2장 6절은 예수께서 하나님의 본체시며 하나님과 동등하신 분이라고 말한다. 골로새서 1장 15절은 예수님이 하나님의 형상이시라고 말한다. 요한일서 5장 20절은 아들이 "참하나님"이시라고 밝힌다. 베드로후서 1장 1절에서 사도는 예수님을 "우리 하나님과 구주"로 지칭한다. 사도

행전 20장 28절에서 바울은 교회가 하나님의 피로 사신 바 되었다고 말한다. 예수님 자신도 "나와 아버지는 하나"라고 선언하시며(요 10:30) 이 선언이 단지 그분과 아버지가 같은 의견임을 뜻하는 정도가 아님을 나타내셨다. 이러한 사실은 율법 전문가들이 그 선언을 신성모독으로 인식했다는 점에서도 드러난다(33절).

예수님이 처녀에게서 태어나셨다는 주장에 대해 오늘날의 많은 비평가들은 '처녀'라는 말이 결혼적령기의 젊은 여자를 가리킬 뿐이라고 말한다. 물론 당시의 마리아는 결혼적령기였다. 그러나 성경 기자들이 '처녀'라는 말을 그런 의미로 사용하진 않았다. 이사야가 자신의 예언의 의미를 제대로 이해하지 못했을 수도 있지만(사 7:14), 마태는 그 의미를 충분히 제시한다. "(요셉이) 아들을 낳기까지 동침하지 아니하더니"(마 1:25).

이 외에도 예수님의 신성에 대한 성경의 증거는 풍부하다. 1세기의 수많은 유대인들이 그분을 하나님으로 섬기기 시작했다는 사실은 그분의 신성에 대한 증거가 압도적일 정도로 매우 강력했음을 의미한다. 그럼에도 불구하고 여러 세기에 걸쳐 도전은 계속되었다. 아니 거의 모든 시대에 걸쳐 정통 교회는 고대 아리우스 이단의 여러 형태에 대응해야 했다.

3세기 말과 4세기 초에 활동했던 알렉산드리아의 사제 아리우스 이후, 예수 그리스도의 성육신은 건너기 힘든 다리처럼 느껴져왔다. 아리우스는 예수님의 영원한 신성을 부인했다. 그의 주장에 의하면 예수님은 하나님 아버지에 의해 피조되었고, 아들은 아버지와 '유사한' 본질을 지녔을 뿐 '동일한' 본질을 지닌 것은 아니다. 즉 아리우스는 예수께서 영원히 나신 바 된 하나님의 아들임을 부인했으며, 천상의 시간에서 아들이 나시지 않았던 시점이 있다고 말했다.

이와 같은 아리우스파 이단을 배척하기 위해 니케아 공의회가 소집되었고, 이 일은 알렉산드리아 주교 아타나시우스에 의해 주도되었다. 아타나시우스는 특히 성육신 신학에 관한, 그리고 전반적으로 삼위일체 교리에 관한 성경적 진리를 옹호하는 가장 초기의, 가장 강력한, 그리고 가장 지속적인 변증을 제시했다. 사도 요한의 서신에 수록된 담대한 선언에 근거하여, 아타나시우스는 아리우스파 이단을 적그리스도의 소행이라 규정했다.

오늘날에도 아리우스의 가증스러운 거짓들이 여러 형태로 모습을 드러낸다. 그럼에도 불구하고 정통 기독교는 언제나 "주는 그리스도시요 살아계신 하나님의 아들이시니이다"(마 16:16)라는 베드로의 고백 위에 선다. 즉 우리는 그가 말하고 의미했던 진리 위에 서 있다.

우리가 이 고백 위에 서는 것은 그것이 그리스도의 복음에 필수적인 요소이기 때문이다. 예수님이 온전히 하나님이심을, 또 온전히 사람이심을 부인하는 것은 신인(God-man)이신 예수님께서 이루신 대속의 구원을 부인하는 것이다. 성육신은 죄 사함과 영원한 생명에 관한 복음과 직결되어 있다. 그러한 사실은 다음과 같이 정리될 수 있다.

오직 사람이 인류의 죄에 대한 대가를 '지불해야 한다.' 그러나 인류의 죄에 대한 대가를 '지불하실 수' 있는 이는 하나님뿐이시다. 따라서 예수 그리스도 안에서 '해야 하는 사람'이자 '하실 수 있는 하나님이' 완벽한 청산과 순전한 용서를 도모하신다.

물론 성육신을 수학적으로 이해할 순 없다. 어떻게 무한하신 하나님께서 사람이 되실 수 있는지에 대해 우리의 유한한 생각으로는 제대로 파악할 길이 없다. 그것은 분명 이적이다. 즉 논리의 대상이 아니라 경배의 대상이다. "그 안에는 신성의 모든 충만이 육체로 거하시고"라는 골로새서 2장 9절 말씀 앞에서 우리는 경이를 표할 뿐이다.

엠파이어 스테이트 빌딩이 개집 안에 들어가겠는가? 범고래가 개미 안에 들어가겠는가? 그러나 전능하시고 전지하시며 편재하시고 영원하시며 거룩하신 분이 지극히 작고 미숙한 사람 안에 거하셨다. 뿐만 아니라 "모든 통치자와 권세의 머리"(골 2:10)이신 분이 불안정한 아기의 머리를 지니셨다. 젖살도 빠지지 않은 그 어깨에 정사가 메어졌다(사 9:6).

이와 같이 성육신의 이적은 기독교 신앙에서 매우 중요하다. 우리는 그것을 단단히 붙들어야 한다. 그러지 않으면 그리스도 안에 있는 하나님의 영광을 잃을 것이다. 하나님께서 태아로, 무기력한 아기로, 걸음마 하는 유아로, 서투른 십대로, 숨 쉬고 땀 흘리며 피 흘리는 인간으로 오셨다. 따라서 그리스도는 인성의 모든 면을 경험하셨고, 그래서 우리는 우리를 위하신 그분의 모든 것을 받아 누릴 수 있다.

하나님께서 연약하며 도움을 필요로 하는 아기로 오셨기에 우리는 자신의 연약함과 결핍으로 인해 두려워할 필요가 없다. 또 그분이 자신을 비우셨기에(빌 2:7) 우리는 우리의 공허함을 절망적으로 여기지 않는다. "그러므로 너희가 그리스도 예수를 주로 받았으니 그 안에서 행하되"(골 2:6)라는 말씀대로, 하나님이 사람이 되심으로써 무기력한 인생을 구원하신다.

변화산 사건

오늘날 변화산 사건에 관한 가르침이나 설교가 많지 않다는 것은 안타까운 현상이다. 물론 그것을 수록한 본문은 난해하고, 변화산에서의 일은 예수님의 사역 중에서도 매우 당혹스러운 사건이다. 하지만 이 장엄한 자기계시 사건에는 매우 중요한 것이 들어 있다. 즉 하나님 나라의 도래, 교회의 진전, 그리고 기독교 신앙과 관련한 것들이다.

"또 그들에게 이르시되 내가 진실로 너희에게 이르노니 여기 서 있는 사람 중에는 죽기 전에 하나님의 나라가 권능으로 임하는 것을 볼 자들도 있느니라 하시니라 엿새 후에 예수께서 베드로와 야고보와 요한을 데리시고 따로 높은 산에 올라가셨더니 그들 앞에서 변형되사 그 옷이 광채가 나며 세상에서 빨래하는 자가 그렇게 희게 할 수 없을 만큼 매우 희어졌더라 이에 엘리야가 모세와 함께 그들에게 나타나 예수와 더불어 말하거늘 베드로가 예수께고하되 랍비여 우리가 여기 있는 것이 좋사오니 우리가 초막 셋을 짓되 하나는 주를 위하여, 하나는 모세를 위하여, 하나는 엘리야를 위하여 하사이다 하니 이는 그들이 몹시 무서워하므로 그가 무슨 말을 할지 알지 못함이더라 마침 구름이 와서 그들을 덮으며 구름 속에서 소리가 나되 이는 내 사랑하는 아들이니 너희는 그의 말을 들으라 하는지라 문득 둘러보니 아무도 보이지 아니하고 오직 예수와 자기들뿐이었더라"(막 9:1-8).

나는 1절을 예수님이 재림에 대해 비유적으로 말씀하시는 것이 아니라 그분의 부활과 승천, 그리고 오순절의 성령 강림에 대해 말씀하시는 것으로 이해한다. 그분의 말씀을 듣고 있는 자들 중에 그 사건들을 직접 목격할 자들이 있다는 것이다.

이 같은 영광의 전조로, 앞에 놓인 십자가의 험난한 날들에 대비하여 확신과 용기를 불어넣으시기 위해 예수님은 핵심 제자들을 데리고 높은 산에 올라가서 그들로 하여금 그의 인성의 커튼 너머에 있는 모습을 살짝 들여다보게 하셨다. 소위 '변화산 사건'을 통해 천상으로 향한 문을 여신 것이다. 예수님의 지상사역 대부분의 기간 동안 그분의 인성이 신성을 가렸다. 그러나 이 순간에는 상황이 역전된다. 영광스러운 광채에 의해 예수님의 인성이 가려졌다.

이 장면은 구약성경의 몇몇 주요 사건을 연상시킨다. 시내산을 떠나라는 명령이 내려진 후 모세는 하나님의 영광을 보게 해달라고 요청했다(출 33:18-23; 34:5-8). 이사야는 성전에서 하나님의 영광을 보았다(사 6:1-7).

엘리야를 위해 하늘에서 불이 내려왔고(왕하 1장), 엘리야가 하늘로 이끌려 올라갔다(왕하 2장). 야곱의 꿈이나(창 28:10-17) 에스겔과 다니엘의 꿈 같은 천상의 비전들도 있다. 이 모든 것을 고려할 때, 우리는 천상의 영광이 족장들과 선지자들에게 어렴풋이 보였고 예수 그리스도 자신의 신성한 계시에서 온전히 드러났음을 알 수 있다. 즉 그분은 모든 꿈과 비전과 약속을 실현하신다(고후 1:20).

"이에 엘리야가 모세와 함께 그들에게 나타나 예수와 더불어 말하거늘"(막 9:4).

변화산에 엘리야와 모세가 나타난 장면에서 흥미를 끄는 요소 중 하나는 천상에서 육체를 지닌 채 존재하는 모습이다. 엘리야는 죽음을 보지 않고 회오리바람을 타고 승천했다(왕하 2:11). 모세의 무덤이 어디에 있는지는 아무도 모른다(신 34:1-6). 그가 죽었다는 사실에 대해서는 논쟁의 여지가 없지만 하나님께서 그의 시신을 직접 처리하셨나. 유다서 9절에는 천사장 미가엘이 모세의 시체에 관하여 마귀와 다투어 변론했다는 난해한 언급이 있다.

변화산에서 엘리야와 모세와 예수께서 대화한 내용은 기록되어 있지 않다. 이는 그 장면에 역사적 사건으로서의 신빙성을 더해준다(만일 그 장면을 꾸며냈다면 대화 내용도 꾸며냈을 것이다). 아마도 당시의 대화 내용이 제자들의 귀에는 들리지 않았을 것이다.

그 상황에서 베드로는 기질상 무엇인가를 하지 않을 수 없었다. 결국

세 분을 위해 초막을 지을 것을 제안한다. 그는 자신이 쓸모 있는 존재이길 원했다. 하나님의 영광이 나타난 곳에서 나름대로의 역할을 감당하고자 했다.

하지만 베드로는 예수께서 장막이시고, 그분의 성육신이 하나님의 백성과 함께 거하시는 그분의 영광임을 이해하지 못했다. "말씀이 육신이 되어 우리 가운데 거하시매 우리가 그의 영광을 보니 아버지의 독생자의 영광이요 은혜와 진리가 충만하더라"(요 1:14).

무엇보다 이 기사의 마지막 구절이(막 9:8) 중요하다. 모세와 엘리야는 결국 사라지고 예수님만 남는다. 모세와 엘리야는 '율법과 선지자들'을 대표하며, 율법과 선지자들은 모두 예수께 초점을 맞춘다. 즉 예수님은 구약의 완성이시며, 옛 언약으로부터 새 언약으로의 전환을 구현하신 분이다.

예수님 자신이 하나님의 율법을 완벽하게 지키셨고 완벽한 의를 행하셨다. 그분은 거룩함의 전형이시다. 또한 예수님 자신이 강력하게, 또 이적적으로 계시된 하나님의 비전의 현현이시다. 그분 자신이 약속의 땅이며, 불병거이며, 천국으로 이끄는 유일하고 궁극적인 출입문이시다. 예수께서 모든 것의 요체요 가장 중요한 분이시다.

또한 그분은 구약의 모든 '영웅들'을 능가하시고, 그들보다 무한히 위대하며 탁월하시다. 그분은 유월절의 양, 광야의 만나, 그리고 쳐다보는 자마다 낫게 하기 위해 모세가 높이 매달았던 놋뱀이시다.

그분은 모든 선지자보다 뛰어난 대제사장이시다.

그분은 모든 재판관보다 뛰어난 위대한 재판장이시다.

그분은 모든 왕을 능가하는 왕 중의 왕이시다.

그분은 지상의 모든 주를 능가하시는 만주의 주시다.

그분은 모든 남편보다 뛰어난 신랑이시다.

그분은 모든 설교자를 능가하는 랍비 그리스도시다.

그분은 알파와 오메가요, 처음과 끝이며, 모든 시대의 모든 뛰어난 자를 능가하신다.

그러므로 예나 지금이나 오직 예수님만 바라보아야 한다. 빌립에게 부탁했던 헬라인들처럼 "우리가 예수를 뵈옵고자 하나이다"(요 12:21)라고 아버지께 기도하자.

영광 중에 계신 예수님의 모습에서 우리는 무엇을 볼 수 있을까?

변화산 사건에서 우리는 첫째, 예수께서 단지 영광만 반영하시지 않음을 본다. 곧 영광이 그분 자신에게서 나온다. 둘째, 우리는 그분의 의가 율법과 선지자들의 의, 그리고 바리새인과 서기관들의 의를 능가함을 본다. 오직 예수님의 의를 입은 자만이 천국에 들어갈 수 있다. 셋째, 모세와 엘리야가 사라진 사실에서, 우리는 예수께서 단지 그들을 대신하는 것이 아니라 그들보다 훨씬 더 나으신 분임을 본다.

다시 말해 예수님이 더 좋으시다. 그분은 율법 그 이상을 이루시는, 율법보다 더 나으신 분이다(히 7:22). "그는 더 아름다운 직분을 얻으셨으니 그는 더 좋은 약속으로 세우신 더 좋은 언약의 중보자시라"(히 8:6). 우리가 율법을 지키려면 복잡하고도 간접적인 중재 과정을 거쳐야 하지만 복음 안에서 하나님이 직접 우리를 구원하신다(갈 3:19-20). 윌리엄 쿠퍼는 이렇게 말한다. "복음은 그 영광이 너무도 탁월하여, 마치 태양이 떠오르면 별들이 사라지는 것처럼 율법의 영광을 무색케 한다."[41]

율법이 성취될 수 있다니, 이 얼마나 놀라운 이적인가!

율법도 좋지만 예수님은 더 좋다. 율법이 좋은 이유는 그것이 하나님으로부터 나왔기 때문이다. 그것은 올바른 진단법으로서 좋다. 하지만 진단으로서의 율법도 좋지만, 진단을 넘어 치료해주시는 예수님이 더 좋다. 그러므로 변화산에서의 이적은 죄를 사하고, 율법의 짐을 제거하며, 그리스도의 의를 죄인들에게 전가하시는 하나님의 이적을 상징하는 사건이기도 하다.

부활

이적이 절정을 향해 치닫는다. 피가 가장 차갑게 얼어붙을 때 가장 뜨거운 계시가 주어진다.

제자들이 애통하고 있다. 사흘이라는 긴 시간 동안, 그들은 충격과 혼란에 빠져 있었다. 예수께서 자신이 죽었다가 다시 살아나야 함을 여러 차례 알려주셨는데도, 그들은 그 말씀의 뜻을 이해하지 못했다. 그분의 죽음에 관해서는 말씀대로 되었음을 알았지만, 부활에 대해서는 생각조차 하지 않았다.

그때 소문이 돈다. 무덤을 다녀온 사람들의 증언이었다. 그리고 마침

내 예수님 자신이 그들 앞에 나타나셨다. 그 놀라움은 예수님의 다른 이적 전체에 대한 놀라움을 무색하게 할 정도다. 그만큼 그분의 부활은 충격적이었다.

사도 바울은 예수님의 부활을 분명하고도 감격적으로 선언한다. "그러나 이제 그리스도께서 죽은 자 가운데서 다시 살아나사……"(고전 15:20). 그가 선언한 부활, 그리고 우리 기독교 교회가 선언하는 부활은 상징적이거나 비유적이거나 역사와 무관한 사건이 아니다. 물질이 바뀌거나 없었던 것이 생기는 것 같은 이적이 실제로 일어난 것처럼, 예수님의 부활도 환영이 아니며 영적인 일이 아니었다. 즉 그분은 제자들의 '마음 속'에서 부활하신 것이 아니다.

특별히 부활과 관련하여 내가 좋아하는 문구는 소설가 존 업다이크의 '부활절의 일곱 스탠자(stanza)'다.

실수하지 말라.
만일 그가 다시 사셨다면
그의 몸이 다시 살아난 것이다.
만일 해체된 세포들이 되돌려지지 않고,
분자들이 재결합되지 않고,
아미노산의 작용이 재개되지 않았다면,
교회는 무너질 것이다.
비유와 유추로, 초월적인 것을 회피함으로 하나님을 우롱하지 말자.

실제 사건을 비유로, 옛 시대의 고지식한 믿음으로 간주하지 말자.

무덤 문을 열고 들어가자.

바위가 굴려지되, 이야기 속에서 꾸며낸 바위나 혼응지가 아니라,

무덤 속에 들어가는 빛을 차단할 만한

거대한 바위가 굴려졌다.

만일 무덤에서 천사를 만나면,

머리털을 지니고, 여명에 희미한 모습으로, 실제 세마포 옷을 입고 있는,

실제 천사로 여기라.

자신의 편의나 미적 감각을 위해서,

또는 그 이적에 당황하거나 항의에 부딪쳐,

덜 기괴한 상황으로 각색하려 하지 말자.[42]

안타깝게도 많은 교회에서 부활절 주일에 엉터리 은유가 사용되며, 그런 은유는 '미혹된' 대중에게 회의주의의 찬물을 끼얹으려는 잡지들의 표지에도 등장한다. 그러나 업다이크가 말하듯이, 만일 부활이 실제적이지 않다면 교회는 무너질 것이다.

나의 죽음은 상징적인 것이 아니라 실제가 될 것이다. 따라서 은유적인 부활은 내게 아무런 소망이 못 된다. 나는 아미노산 작용의 재개를 고대하고 있다.

이와 같이 그리스도의 부활 이적은 우리 자신의 부활을 예고한다. 물고기와 보리떡의 이적에서처럼 예수님은 마지막 날의 수많은 영화로운

부활을 위해 자신의 몸을 이적적인 제물로 드리셨다. 이런 맥락에서 바울은 고린도전서 15장 20절에서 다시 사신 그리스도를 "잠자는 자들의 첫 열매"라 지칭한다.

그것은 단지 시작이었다!

"그러나 각각 자기 차례대로 되리니 먼저는 첫 열매인 그리스도요 다음에는 그가 강림하실 때에 그리스도에게 속한 자요"(23절).

예수님은 십자가 죽음이라는 값을 지불하고 우리의 영생을 사셨고, 부활을 통해 그 결과를 입증하셨다. 그리스도의 부활은 그분 안에 있는 자들을 무엇이 기다리는지 보여준다. 다시 말해 그리스도의 부활은 끝의 시작이다.

승천하신 예수님이 장차 다시 오실 것이다.

그때에는 그리스도 안에서 죽은 자들이 살아날 것이다.

"그 후에는 마지막이니 그가 모든 통치와 모든 권세와 능력을 멸하시고 나라를 아버지 하나님께 바칠 때라"(24절).

그분은 우리의 신분을 변화시키시며, 마침내 육신의 지배로부터 우리를 해방시키신다. 또한 우리의 시각을 변화시켜 우상의 유혹으로부터 벗어나게 하신다. 그리고 우리의 소속을 변화시켜, 죄와 사망의 능력으로부터 우리를 해방시키시고 우리 마음과 영혼과 생각에 대한 주권을 선언하신다.

"그가 모든 원수를 그 발아래에 둘 때까지 반드시 왕 노릇 하시리니 맨 나중에 멸망받을 원수는 사망이니라"(고전 15:25-26).

부활은 사망마저 그리스도의 주권을 피하지 못함을 입증한다. 그리스도께서 십자가에서 죄를 죽이고 영적 통치자와 권세들을 제거하셨고, 무덤과 사망을 정복하셨다.

죽음 속으로 들어갔다가 다시 나와 승리함으로써 그리스도는 우리의 운명을 바꾸셨다. 그래서 죽음과 육신의 해체와 부패마저 사소한 문제가 되었다. 타락 이후 모든 것이 몰락과 죽음과 쇠퇴의 과정을 거친다. 그러나 그리스도의 삶과 죽음과 부활의 복음이 도래한 이후, 예수님은 아버지의 뜻이 하늘에서처럼 땅에서도 이루어지도록 당신의 나라를 건설해오셨다. 피조세계는 아담의 범죄 이전보다 더 낫고 더 영화로운 모습으로 회복될 것이다.

우리는 허공을 떠도는 형체 없는 영들과 같지 않을 것이다. 영원토록 춤추고, 노래하고, 예배하고, 일하고, 놀고, 사랑하며, 웃고, 먹고, 마시고, 달리며, 수영할 수 있는 새 몸을 입을 것이다.

예수께서 그런 몸을 우리에게 주실 것이다.

"보라 내가 너희에게 비밀을 말하노니 우리가 다 잠 잘 것이 아니요 마지막 나팔에 순식간에 홀연히 다 변화되리니 나팔 소리가 나매 죽은 자들이 썩지 아니할 것으로 다시 살아나고 우리도 변화되리라"(51-52절).

우리 육체는 죽지만 우리는 죽음 속으로 들어가지 않는다. 보다 정확히 말해 우리는 생명을 향해 나아간다.

우리의 부활한 몸은 그리스도의 부활하신 몸과 같을 것이다. 부활하신 그리스도는 조반을 드시고(요 21:15) 벽을 통과하셨다(20:19, 26). 예전의 모습처럼 보이기도 하고(19-20절) 예전과 다르게 보이기도 하셨다(눅 24:15-16).

우리의 부활한 몸은 우리의 실제 모습이고 참모습일 것이며, 그리스도 안에서 계시되고, 그분을 반영하는 모습일 것이다. 우리는 진정으로 살아있게 될 것이다. 드와이트 무디는 이렇게 말했다. "언젠가 여러분은 이스트 노스필드의 D. L. 무디가 죽었다는 기사를 읽을 것입니다. 그 말을 믿지 마세요. 그 순간에 저는 지금보다 더 확실하게 살아있을 것입니다."[43]

"이 썩을 것이 반드시 썩지 아니할 것을 입겠고 이 죽을 것이 죽지 아니함을 입으리로다 이 썩을 것이 썩지 아니함을 입고 이 죽을 것이 죽지 아니함을 입을 때에는 사망을 삼키고 이기리라고 기록된 말씀이 이루어지리라 사망아 너의 승리가 어디 있느냐 사망아 네가 쏘는 것이 어디 있느냐 사망이 쏘는 것은 죄요 죄의 권능은 율법이라 우리 주 예수 그리스도로 말미암아 우리에게 승리를 주시는 하나님께 감사하노니"(고전 15:53-57).

부활 이적들에 수록된 예수님의 말씀에서 보았듯이, 죽음에 대한 그리스도인의 시각은 근본적으로 점검되고 재규정되어야 한다. 이제 우리는 죽음을 일종의 수면 상태로 이해한다. 죽음에 대한 두려움이 그것에 대한 조롱으로 전환된다.

만일 그리스도께서 다시 살지 않으셨다면, 나는 죽기 직전의 고통스런 상황에 처할 때 절망해야 할 것이다. 임종 앞에서 야로슬라프 펠리칸은 이렇게 선언했다. "그리스도가 다시 사셨다면 아무것도 문제가 되지 않는다. 그리고 그리스도가 다시 살지 않으셨다면 아무 일도 생기지 않는다."44)

그러나 만일 그리스도가 다시 사셨다면 나는 죽음과 함께 매우 만족스러운 상태로 그분을 맞을 것이며, 극적으로 '그분 안에서 발견될' 것이다.

승천

그리스도의 승천도 변화산 사건처럼 복음주의에서 충분히 다루어지지 않는 또 다른 이적이다. 하지만 이 사건은 우리의 신앙과 기독교의 존속을 위해 매우 중요하다.

"그들이 모였을 때에 예수께 여쭈어 이르되 주께서 이스라엘 나라를 회복하심이 이때니이까 하니 이르시되 때와 시기는 아버지께서 자기의 권한에 두셨으니 너희가 알 바 아니요 오직 성령이 너희에게 임하시면 너희가 권능을 받고 예루살렘과 온 유대와 사마리아와 땅 끝까지 이르러 내 증인이 되리라 하시니라 이 말씀을 마치시고 그들이 보는데 올려져 가시니 구름이 그를 가리어 보이지 않게 하더라 올라가실 때에 제자들이 자세히 하늘을 쳐다보고 있는데 흰 옷 입은 두 사람이 그들 곁에 서서 이르되 갈릴리 사람들아 어찌하여 서서 하늘을 쳐다보느냐 너희 가운데서 하늘로 올려지신 이 예수는 하늘로 가심을 본 그대로 오시리라 하였느니라"(행 1:6–11).

사실 그리스도의 승천은 이적적인 권능으로 가득한 우물이다. 우리는 거기서 너무도 고무적인 자양분들을 길어 올릴 수 있다. 첫째, 이 사건에서 우리는 예수님이 정말 살아계심을 본다. 우리는 그분이 지금도 살아계심을, 지금도 다스리시며 영원히 살아계실 것임을 안다. 부활 사건과 분리될 수 없는 그리스도의 승천은 그가 다시 살아났다가 결국에는 죽게 되는 나사로, 야이로의 딸, 나인성 과부의 아들, 다비다, 유두고와는 다르시다는 것을 알려준다. 즉 예수님은 영화로운 몸으로 승천하셨기 때문에 그분의 시신이 남아 있지 않았다.

둘째, 승천은 우리에게 하늘 자체의 특성에 관한 신명 나는 그 무엇을 알려준다. 우리는 하늘을 형체 없는 영들이 거하는 허공 같은 장소로 생각하는 경향이 있다. 어떤 면에서는 그것이 사실이다. 하지만 엘리야와

에녹이 그곳에 있다. 다시 사신 그리스도도 거기 계시다. 그분은 만질 수 있는 육체를 지니고 계시며, 하늘은 이 땅보다 더 실제적인 공간이다. 부활한 몸을 지닌 그리스도께서 하나님의 영광이 임재하시는 초공간으로 승천하신 것은, 하늘이 우리의 4차원 공간보다 더 두터운 실재임을 계시한다. 그곳은 더 생기 넘치고, 더 다채롭고, 더 실제적이다. 그것은 영적인 상태지만, 물질적인 것들이 그 공간을 채우고 있을 것이다.

셋째, 그리스도의 승천은 인간의 통치권을 위한 하나님의 계획이 실현되고 있음을 보여준다.

첫 아담과 그의 조력자인 하와는 땅에서 번성하고 땅을 정복하는 책임을 맡았다. 하지만 그들은 이 사명을 감당하지 못했다. 그럼에도 불구하고 하나님의 계획은 철회되지 않았다. 사람이 피조세계를 다스리는 것은 하나님의 뜻이다. 성육신을 통해 하나님은 자신의 독생자를 보내어 저주를 역전시키고 만물을 회복시키기 시작하셨다. 둘째 아담(그리스도)이 사람으로 하여금 피조세계를 다스리게 하시려는 하나님의 계획을 성취하셨다. 하나님의 영광의 광채이신 신인(God-man)이 땅을 통치하시며 그 대적들을 진압하신다. 팀 켈러가 말하듯 "예수님의 승천은 우주를 다스리는 분이 있음을 뜻한다."[45]

넷째, 예수님의 승천은 성육신이 '지속적인' 이적임을 뜻한다.

성육신은 하나님의 아들의 겸비하심을 뜻할 뿐 작아짐을 뜻하는 것이 아니다. 하나님의 아들은 성육신 기간 내내 편재성을 유지하셨다(역사 신학자들은 전통적으로 이 관점을 '엑스트라 칼빈주의' 라 불렀다).[46] 그리고 승천은 예수 그리스도께서 영원히 예수 그리스도로 남아 계심을 뜻한다. 그분은 손으로 만질 수 없는 상태로 되돌아가지 않으셨다. 성육신 상태로 승천하신 것은 영원한 유한성을 의미하는 것이 아니라 만물을 충만하게 하시려는 지속적인 의지의 표현이다(엡 4:10). 성육신하신 그리스도는 이제 하늘과 땅에서 더 많은 공간을 차지하신다. 이는 성육신이 만료 시점이 없는 이적임을 뜻한다.

끝으로, 승천은 복음이다. 왜냐하면 우리가 만일 믿음으로 그리스도와 함께 연합된다면 그가 계신 곳에 우리도 있을 것임을 뜻하기 때문이다. 승천은 우리 자신의 부활의 전조인 그리스도의 부활 약속의 온전한 성취다. 승천은 우리가 생각하는 것보다 복음이 더 좋은 소식임을, 좋은 것보다 더 좋음을 뜻한다. 그것은 단지 죽음 이후의 삶에 관한 소망이 아니라 N. T. 라이트가 말한 것처럼 "'죽음 이후의 삶' 이후의 삶"에 관한 복된 소망과 그에 관한 약속을 제시한다.

그러니 우리 하나님이 얼마나 은혜로우신가!

마치는 글

기독교가 초자연적임을 결코 잊지 말자. 하나님이 자연인을 구원하시며 (죄가 없고 신성을 지닌) 자연인으로 오셨지만, 구원받은 우리의 상태는 결코 '자연적'이지 않다.

죄는 그 본질 면에서 예배의 실패이며, 예배의 실패는 이 세상에서의 하나님의 임재와 활동에 대해 경이로움을 표하지 못하는 것이다. 또 복음의 이적에 무감각한 것이다.

종교개혁 운동에 대한 로마 가톨릭 교회의 비판에는 원래 이적적인 표적이 결여되었다는 비난이 포함되었다. 이 비난에 대해 칼빈은 종교개혁은 새로운 것이 아니라 사도적인 복음 설교의 연속일 뿐이라고, 또한 이 복음이-하나님이 예수 그리스도의 삶과 죽음과 부활을 통해 죄인들을 구원하신다는 소식이-충분한 이적이라고 대답했다.

사실이다. 예수님의 여러 이적과 기사들의 목적이 바로 그것이다. 그분은 이렇게 말씀하신다. "나로 충분하다. 나는 충분한 안전과 충분한 회복을 제공한다. 또 충분한 자유와 충분한 생명을 제공한다." 수많은 이적에서 보듯, 그분은 충분함 그 이상이시다.

그 이적들에서 예수님의 과거와 현재와 영원한 미래의 모습을 본다. 예수님의 모든 이적적인 사역과 크신 권능과 구원의 메시지에서 그분의 영광이 계시된다.

복음서에 의하면, 이적을 경험한 자들은 초자연적인 권능에 압도되었다. 그들의 마음은 생기 있게 빛나고, 그들의 영혼에는 영원의 메아리가 울려 퍼졌다. 그들은 엎드러지고, 춤추고, 놀라며, 떨었다. 바울이 빌립보서 2장 12-13절에서 당부한 것이 바로 이런 반응이다.

"그러므로 나의 사랑하는 자들아 너희가 나 있을 때뿐 아니라 더욱 지금 나 없을 때에도 항상 복종하여 두렵고 떨림으로 너희 구원을 이루라 너희 안에서 행하시는 이는 하나님이시니 자기의 기쁘신 뜻을 위하여 너희에게 소원을 두고 행하게 하시나니"

바울은 다른 데서도 "두렵고 떨림"이라는 말을 두 차례 더 사용한다 (고후 7:15; 엡 6:5). 이것은 복종적인 겸손과 수용적인 온유함을 나타내는 문구이며, 단순한 '두려움'을 나타내는 것이 아니라 하나님을 향한 사랑을 내포한다. "여호와를 경외함으로 섬기고 떨며 즐거워할지어다"라는 시편 2편 11절 말씀은 두려움과 떠는 것이 섬김과 기쁨을 수반하는 것임을 보여준다.

제인 오스틴의 「이성과 감성」(Sense and Sensibility)을 각색한 이안 감독의 영화 마지막 장면에 나오는 엠마 톰슨(엘리노어 대쉬우드 역)의 멋진 연기가 기억난다. 에드워드 페라스(휴 그랜트 분)는 결혼한 사람은 자신이 아니라 형임을 밝힌다. 그리고 그때까지 자신의 감정을 꾹 눌러오던 엘리노어는 그제야 '두려움과 떨림'을 표출한다. 그 장면을 볼 때마다 숨이 막힐 것 같다. 그것은 암담한 삶 가운데서 하나님의 영광을 접할 때, 은혜의 복음을 접할 때의 압도적인 순간을 연상시킨다.

그렇다면 복음의 이적이 우리 마음속에 밀려들 때, 그리고 우리를 향하신 하나님의 사랑이 실제로 느껴질 때 어떤 일이 일어날까?

억눌린 소망과 잠든 감정이 강력한 전류 같은 무서운 실재와 맞닥뜨린다. 팔의 털이 쭈뼛 서고, 소름이 돋으며, 신선한 공기를 마신 느낌과 숨찬 느낌이 동시에 든다. 압도적이다. 그것은 두려움과 떨림이다. 살아계신 하나님이 가까이 오심을 느낄 때 우리는 두려움과 떨림을 경험한다. 그것은 참되신 하나님과 영화로우신 그리스도를 만날 때의 경험이다. 번영설교자가 제시하는 신은 아라비안나이트의 '지니'(genie)처럼 고분고분한 존재다. 깜찍한 커피 잔이나 조엘 오스틴 트위터의 신은 제인 오스틴의 소설에 나오는 겁쟁이들이나 시키는 대로 나긋나긋하게 복종하는 하인과 같은 존재다. 아메리칸 드림의 신은 산타클로스다. 열린 유신론자들(open theists)의 신은 처음부터 끝까지 주관하시는 전지하신 분이 아니라 단지 예측을 잘할 뿐이다. 치유문화의 신은 자신을 용서하는 우리 자신이다. 이 한심한 신들은 모두 '두려움과 떨림'을 유발하지 않는다.

그러나 성경의 하나님은 소멸하는 불이시다(신 4:24). "살아계신 하나님의 손에 빠져 들어가는 것이 무서울진저"(히 10:31). 그분은 손가락 끝으로 바다를 휘젓고 구름을 하늘에 펴시며 손으로 번개를 던지신다. 당신의 자녀를 구름기둥과 불기둥으로 인도하시는 하나님이다. 전쟁을 일으키고, 역병을 보내며, 위엄과 영광의 하늘 보좌에 앉아 원하는 대로 행하시는 하나님이다. 육신을 입고 성전 주인으로서 성전에서 매매하는 자들의 상을 뒤엎는 하나님이시다. 하나님이신 주 예수 그리스도는 벼랑 끄트머리로 밀렸을 때 사람들 사이를 유유히 지나가셨다. 이 주님은 "이를(목숨을) 내게서 빼앗는 자가 있는 것이 아니라 내가 스스로 버리노라"(요 10:18)고 말씀하신다. 이는 "내가 허락하지 않으면 너희는 나를 죽일 수 없다"는 말씀과 같다. 이 주님은 폭풍을 잔잔케 하시고, 귀신을 쫓아내시고, 매기도 하고 풀기도 하시며, 우리에게도 그러한 능력을 주는 권세를 지니신다. 마귀는 이러한 하나님의 애완용 강아지 정도에 불과하다. 또한 우리를 불러 구원하시는 분노 바보 이 하나님이시다. 그분은 겸손히, 온유하게, 낮게 우리 가운데 임하셔서 사로잡힌 자들을 해방시키시고, 우리의 빚을 대신 청산하시며, 죄와 사탄을 정복하시고, 죽음을 영원히 제하기 위해 십자가에서 피를 흘리셨다. 그러므로 온유한 심령과 겸손히 복종하는 마음으로 하나님 나라의 복음을 믿고 전하는 삶을 살자. 우리의 무감각함을 회개하자. 그리스도의 경이로우심을 찬미하자.

주

1. 하늘로 열린 창

1) J. D. Spiceland, "Miracle," Evangelical Dictionary of Theology, 재판, Walter A. Elwell 편저(Grand Rapids, MI: Baker, 2001), 779에서.

2) B. L. Blackburn, "Miracles and Miracle Stories," Dictionary of Jesus and the Gospels, Joel B. Green, Scot McKnight, 그리고 I. Howard Marshall 편저(Downers Grove, IL: InterVarsity, 1992), 549에서.

3) Craig S. Keener, Miracles: The Credibility of the New Testament Accounts, vol.1(Grand Rapids, MI: Baker, 2011), 182.

4) C. S. Lewis, Miracles: A Preliminary Study(New York: HarperCollins, 2001), 95.

5) C. S. Lewis, "Miracles," God in the Dock: Essays on Theology and Ethics(Grand Rapids, MI: Eerdmans, 1993), 27에서.

6) Lewis, Miracles, 94-95.

7) Augustine, City of God, 21.8, Marcu Dods 역(New York: Random House, 1950), 776.

8) Lewis, "Miracles," 29.

9) Thomas R. Schreiner, New Testament Theology: Magnifying God in Christ(Grand Rapids, MI: Baker, 2008), 64.

10) Craig L. Blomberg, Jesus and the Gospels: An Introduction and Survey(Nashville: Broadman and Holman, 1997), 67.

11) Benjamin B. Warfield, Counterfeit Miracles(New York: Scribner's, 1918), 3.

2. 더 좋은 포도주

12) Rudolf Schnackenburg, The Gospel According to St. John, vol.1(London: Burns & Oates, 1968), 337, Craig L. Blomberg, "The Miracles as Parables," Gospel Perspectives, vol. 6: The Miracles of Jesus(Sheffield, England: JSOT Press, 1986), 334에 인용.

13) D. A. Carson, The Gospel according to John(Grand Rapids, MI: Eerdmans, 1998), 175.

14) John Calvin, John(Wheaton, IL: Crossway, 1994), 50.
15) John Piper, "Obedient Son, Ultimate Purifier, All-Providing Bridegroom," MN, Minneapolis, 베들레헴 침례교회에서 행한 설교, www.desiringgod.org/resource-library/sermons/obedient-on-ultimate-purifier-all-providing-bridegroom.
16) 참조, Carson, The Gospel according to John, 172.
17) Blomberg, "The Miracles as Parables," 335.
18) John W. Pryor, John: Evangelist of the Covenant People(Downers Grove, IL: InterVarsity, 1992), 16.
19) Herman N. Ridderbos, The Gospel According to John: A Theological Commentary, John Vriend(Grand Rapids, MI: Eerdmans, 1997), 107.
20) J. C. Ryle, Expository Thoughts on the Gospels for Family and Private Use, vol. 1, St. John(New York: Robert Carter and Brothers, 1879), 91-92.

3. 떡 부스러기

21) St. Jerome, J. Ligon Duncan, "The King's Son Pays the Tax"(미시시피주 잭슨 소재의 세일장토 교회에서 행한 설교) 에 인용, http://www.fpcjackson.org/resources/sermons/matthew/matthew-vol-5-6/39amatt.htm.
22) Augustine, Daily Readings with St. Augustine, Dame Maura See 편저(Springfield, IL: Templegate, 1987), 25.
23) 이 만트라에 관한 오틀런드의 설명에 대해서는 http://vimeo.com/59326626을 보라.

4. 만유의 주관자

24) William Hendrikson, The Gospel of Mark(Grand Rapids, MI: Baker, 1990), 175.
25) Dietrich Bonhoeffer, The Cost of Discipleship(New York: Macmilan, 1972), 99.
26) Craig Blomberg, Jesus and the Gospels(Nashville: Rroadman and Holman, 1997), 273. 또한

Jared C. Wilson, The Storytelling God: Seeing the Glory of Jesus in His Parables(Wheaton, IL: Crossway, 2014), 154를 보라.

27) Jared C. Wilson, Gospel Wakefulness(Wheaton, IL: Crossway, 2011), 161-62.

5. 모든 것을 좋게 하시는 주님

28) Athanasius, On the Incarnation, 4.21, Archibald Robertson(London: D. Nutt, 1885), 32-34.

29) Michael D. William, Far as the Curse Is Found: The Covenant Story of Redemption(Phillipsbury, NJ: Presbyterian and Reformed, 2005), 284.

30) Albert Woters, Randy Alcorn, Heaven(Carol Stream, IL: Tyndale House, 2004), 89에 인용.

31) Isaac Watts, "Joy to the World" (1719).

6. 보는 것과 믿는 것

32) Charles Haddon Spurgeon, The Autobiography of Charles H. Spurgeon, vol. 1:1834-1854(Chicago: Fleming H. Revell, 1898), 105-8. 스펄전이 인용한 시는 윌리엄 쿠퍼가 지은 찬송시 '샘물과 같은 보혈은' (1771, 새찬송가 258장)이다.

7. 흑암의 세력을 정복하심

33) Sydney, H. T. Page, Power of Evil: A Biblical Study of Satan and Demon(Grand Rapids, MI: Baker, 1995), 164.

34) David Powlson, Power Encounters: Reclaiming Spiritual Warface(Grand Rapids, MI: Baker, 1995), 21-22.

8. 슬피 우는 것과 깨달음

35) D. A. Carson, The Gospel according to John(Grand Rapids, MI: Eerdmans, 1991), 406.

36) C. S. Lewis, Till We Have Faces: A Myth Retold(Rondon: Collins, 1980), 291.

37) C. Stephen Evans The Historical Christ and the Jesus of Faith: The Incarnational Narrative as History(Oxford: Oxford University Press, 1996), 341.

38) 상동, 342.

9. 일어날 시간

39) C. S. Lewis, Mere Christianity(New York: HarperCollins, 2001), 46.

40) Timothy Keller, King's Cross: The Story of the World in the Life of Jesus(New York: Dutton, 2011), 68-69.

10. 영원하신 분의 이적적인 자기계시

41) The Works of President Edwards, vol.1(New York: Leavitt와 Allen, 1852), 519에 실린, Jonathan Edwards, Distinguishing Marks of a Work of the Spirit of God에 대한 William Cooper의 서문에서.
42) John Updike, "Seven Stanza at Easter," Telephone Poles and Other Poems(New York: Alfred A. Knopf, 1963), 72-73에서.
43) D. L. Moody. Timothy George, Mr. Moody and the Evangelical Tradition, Timody George 편저 (New York: Continuum, 2005), 1에 실린 "Introduction: Remembering Mr. Moody"에 인용.
44) "In Memoriam: Faculty," Yale Department of History Newsletter(Spring 2007), 3.(Available online: http://www.learningace.com/doc/2851196/4f2988fe924110ed3ce00f5f1315b7bd/historynewsletter07f).
45) Timothy Keller, "The Ascension," 1997년 5월 18일, 행 1:1-12에 관한 설교. 참조, http://thegospelcoalition.org/resources/entry/The-Ascension.
46) 이 개념에 대해서는 Gospel Deeps: Reveling in the Excellencies of Jesus(Wheaton, IL: Crossway, 2012), 139-48에서 보다 상세히 설명했다.

사명선언문

너희가 흠이 없고 순전하여……세상에서 그들 가운데 빛들로
나타내며 생명의 말씀을 밝혀 _ 빌 2:15-16

1. 생명을 담겠습니다
만드는 책에 주님 주신 생명을 담겠습니다.
그 책으로 복음을 선포하겠습니다.

2. 말씀을 밝히겠습니다
생명의 근본은 말씀입니다.
말씀을 밝혀 성도와 교회의 성장을 돕겠습니다.

3. 빛이 되겠습니다
시대와 영혼의 어두움을 밝혀 주님 앞으로 이끄는
빛이 되는 책을 만들겠습니다.

4. 순전히 행하겠습니다
책을 만들고 전하는 일과 경영하는 일에 부끄러움이 없는
정직함으로 행하겠습니다.

5. 끝까지 전파하겠습니다
모든 사람에게, 땅 끝까지, 주님 오시는 그날까지
복음을 전하는 사명을 다하겠습니다.

서점 안내

광화문점 서울시 종로구 새문안로 69 구세군회관 1층
02)737-2288(T) 02)737-4623(F)

강남점 서울시 서초구 신반포로 177 반포쇼핑타운 3동 2층
02)595-1211(T) 02)595.3549(F)

구로점 서울시 구로구 시흥대로 577 3층
02)858-8744(T) 02)838-0653(F)

노원점 서울시 노원구 동일로 1366 삼봉빌딩 지하 1층
02)938-7979(T) 02)3391-6169(F)

분당점 경기도 성남시 분당구 황새울로 315 대현빌딩 3층
031)707-5566(T) 031)707-4999(F)

신촌점 서울시 마포구 서강로 144 동인빌딩 8층
02)702-1411(T) 02)702-1131(F)

일산점 경기도 고양시 일산서구 중앙로 1391 레이크타운 지하 1층
031)916-8787(T) 031)916-8788(F)

의정부점 경기도 의정부시 청사로47번길 12 성산타워 3층
031)845-0600(T) 031)852-6930(F)

인터넷서점 www.lifebook.co.kr

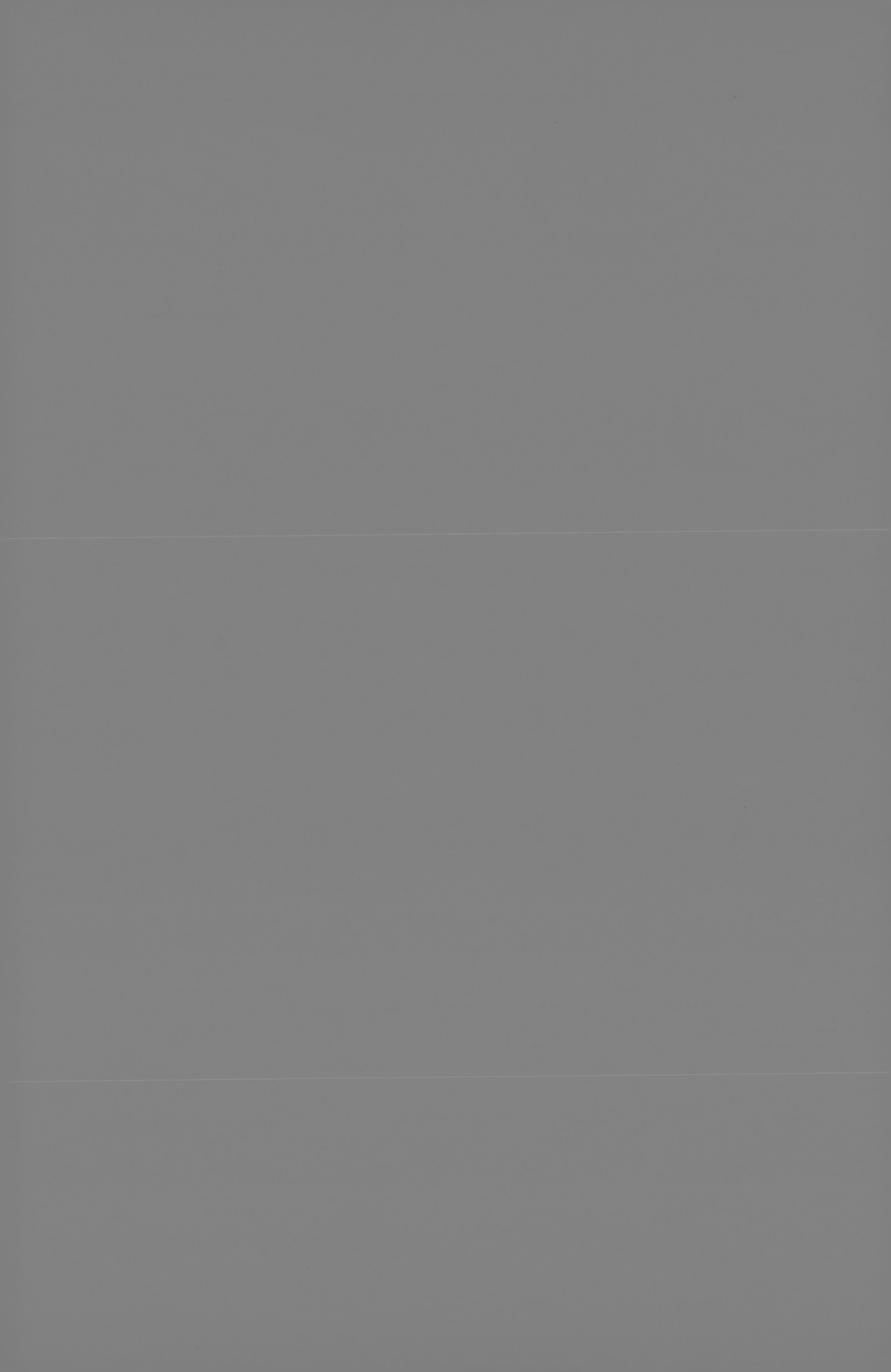